# 中国の歴史★現在がわかる本

## ★第二期★ 1

### 紀元前から中国ができるまで

監修／渡辺信一郎　著／目黒杏子

かもがわ出版

# はじめに

2016年の「日中共同世論調査＊」によると、中国人が日本に対していだく感情が少し改善されてきたことがわかりました。この背景には、2016年に入ってから日本を訪れる中国人観光客が前年比で3割以上増加し、彼らが「日本人は礼儀正しくマナーを重んじる」と感じ、また、「日本の環境は美しく自然が豊かである」ことに好印象をもっていることがあげられています。

また、中国の子どもたちのあいだでは、ドラえもんやピカチュウなど、日本の漫画やキャラクターが大人気。子どものころから好きだった漫画を生んだのが日本だということで日本にやってくる人たちもいます。そもそも中国の「漫画」という言葉自体、日本語から中国語になったものなのです（→第一期1巻 P28）。

2009年、中国南京にある「侵華日軍南京大屠殺遇難同胞紀念館（南京大虐殺記念館）」で、日本漫画家協会の漫画家たちの戦争体験を描いた原画展覧会が開かれました。その際、日本人漫画家の絵を見て、日本軍が中国人を何十万人も屠殺（虐殺）してきたとばかり思っていたが、日本の人びとも戦争で苦しんでいたことをはじめて知ったと語る中国人が非常に多くいたといいます（来場者数240万人）。

写真：石川好

★

ところが、同じ世論調査で日本人の中国に対するイメージは悪くなっています。その理由としては「尖閣諸島周辺の日本領海や領空をたびたび侵犯しているから」「中国が国際社会でとっている行動が強引だから」などがあげられています。しかし、このような今だからこそ、日本人は、中国・中国人についてもっと理解し、どうしたらもっとよい関係をつくっていけるのかを考えなければなりません。でも、そんなことは、国や政治家の考えることで、自分たちには関係ないと感じる人も多いのではないでしょうか。

★

東日本大震災のとき、中国もすぐに救援隊を派遣してくれたことは、よく知られています。しかし、1923年の関東大震災のときにも、中国から支援を受けていたこと（→第一期1巻 P16）は、今の日本人はほとんど知りません。もっともっと中国や日中関係を知って、よかったことを生かし、よくなかったことを反省していかなければなりません。しかし、日本人が中国史について学ぶのは、中国大陸の北のほうからモンゴル人がせめてきて、中国を支配し、元という王朝を建てたとか、北方民族に支配されていた漢民族が自らの王朝を復活させたなどというように、おもに中国大陸の王朝交代の歴史がふつうです。また、豊臣秀吉と明王朝、江戸幕府と清王朝というように国（あるいは王朝）、支配者の視点から日中関係史を勉強します。

★

国と国との関係で、王朝が交代したからといって、人びとの日常生活が急激に変化するわけではありません。一方、一般市民の運動が国を動かすことがあるのは、世界の例をあげればきりがありません。過去の中国でも、そうしたことがありました。近年でも、そのような動きが現にあります（→第一期3巻）。だからこそ、日中関係をもっとよい関係にしていくにはどうしたらよいか、自分たち自身で考えなければならないのです。

こうした考えから、一般によく見かける王朝交代史や、支配者どうしの日中関係史でない、これまでにないシリーズにするために、専門の研究者11人が集まり企画したのが、このシリーズ「中国の歴史・現在がわかる本」です。

| 第一期 | 第二期 | 第三期 |
|---|---|---|
| 1 20世紀前半の中国 | 紀元前から中国ができるまで | 13～14世紀の中国 |
| 2 20世紀後半の中国 | 2度目の中国ができるまで | 14～17世紀の中国 |
| 3 21世紀の中国 | 13世紀までの中国 | 17～19世紀の中国 |

★

「中国の本というのは漢字ばかりでむずかしそう」と思う人もいるかもしれませんが、漢字の国・中国の歴史の本となれば、漢字が多くなってもしかたありません。しかも、今回集まったのは、中国史の専門家です。文章も、むずかしいところがありますが、がんばって読んでください。いま、日本と中国をふくむ世界の情勢は、大きな転換点をむかえています。ぜひ、今後の日中関係を考えるのに役立てていってください。

＊「言論NPO」と「中国国際出版集団」による「第12回日中共同世論調査」。

# もくじ

1. 中国のはじまり ……………………………… 4
2. 集落と墓地からわかる社会の変化 ………… 6
3. 「中原」の誕生 ………………………………… 8
4. 殷王朝 ………………………………………… 10
5. 周王朝 ………………………………………… 12
6. 周〜春秋時代の「国」の外となか …………… 14
7. 春秋時代 ……………………………………… 16
8. 戦国時代 ……………………………………… 18
9. 諸子百家の活動 ……………………………… 20
10. 秦の中国統一 ………………………………… 22
11. 前漢王朝 ……………………………………… 24
12. 儒学の発展 …………………………………… 26
13. 前漢の滅亡と後漢の成立 …………………… 28

**もっと知りたい!** 漢の時代の人びとの生活 ……… 30

この本に出てくる地名地図 ……………………… 32
紀元前から中国ができるまでの年表 …………… 33
ことがらさくいん ………………………………… 34
地名さくいん・人名さくいん …………………… 35

## 監修のことば

　中国はいつから中国になったのでしょうか。中国は4000年以上の歴史をもっています。しかし、4000年のむかしから、現在の中華人民共和国の領域を前提にして歴史をはぐくんできたわけではありません。中国は、最初は首都とその近辺を指すことばでした。その歴史は、周辺の諸地域、諸民族との交流をつうじて、段階的に今日の中国まで展開してきたのです。
　「中国の歴史・現在がわかる本」のシリーズ全9巻は、日本との関係も視野に入れて、それぞれの段階の中国をとらえなおし、中国の歴史と現在を全体として鳥瞰できるようにしています。21世紀をになう若い世代が中国への理解をさらに深める機会になることを期待します。

渡辺信一郎

中国最長の河川・長江（左写真、約6300km）と、第二の河川・黄河（右写真、約5464km）。紀元前6000年ごろ、黄河や長江流域では、土器をつくり、農耕をおこなう文化が生まれた。

# 1 中国のはじまり
（紀元前5000年代〜前2000年代）

中国は、大きな山脈や河川によって、気候・風土や生業の異なるいくつかの地方に分かれます。そうした各地方で、**紀元前6000年ごろから独自の文化が発生し、やがて紀元前2000年代には相互に交流して影響をあたえあうようになりました。**

## 中国の地形と生業

ユーラシア大陸の東部の地形は、東の黄海・東シナ海・南シナ海にそった平野部から、西のチベット高原まで、三段の階段を登っていくような高さの変化があります。中国を代表する大きな2本の河川、黄河と長江（揚子江）は、その一番高い標高4000m以上のチベット高原の東北部（青海省）に源を発します。そして、標高1000〜2000mの高原地帯（黄土高原など）を通って東へ流れくだり、標高1000m以下の下流域に広大な平野をつくりました。北側にある黄河の流域を華北、南側の長江の流域を華中とよびます。

平野部の気候は湿潤で、南にいくほど降水量が多くなり、農耕に適しています。2本の河川のあいだにある、秦嶺山脈と淮河をつなぐ線（北緯33度付近）が、華北と華中の境界となっています。この境界線より北の華北は畑作農業、南の華中は稲作農業が生業の中心でした。

一方、大興安嶺から太行山脈と呂梁山脈の北端を通って、黄土高原をななめに横切る線が、華北と内蒙古の境界線です。内蒙古の気候は乾燥していて、農耕にあまり適していないので、狩猟や採集がおもな生業となります。西にいくにつれてさらに乾燥するので、ヒツジやウマの牧畜がおもな生業となっていきます。

気候・風土と生業の異なるそれぞれの地方に、それぞれ独自の文化がはぐくまれました。

●ユーラシア大陸東部の地形

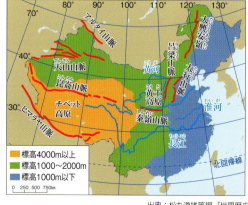

●中国の自然区画

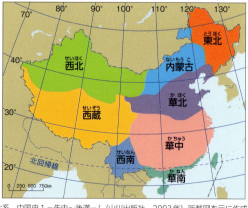

出典：松丸道雄等編『世界歴史大系　中国史1－先史〜後漢－』（山川出版社、2003年）所載図を元に作成

### 用語解説

**ユーラシア大陸**：アジアとヨーロッパをふくむ大陸。東端に中国、西端にヨーロッパが位置し、その中間には東西約7000kmにわたって「中央アジア」とよばれる地域が広がる。紀元前から紀元後に変わるころまでに、中国とヨーロッパではそれぞれ農耕をおもな生業とする人びとによって「華」（→P16）とギリシア・ローマの文明が築かれた。また、中央アジアは砂漠や草原などの多い乾燥地帯で、馬に乗り家畜を放牧してくらす遊牧民が活動し、東西の文明圏をつなぎ、両方の社会に大きな影響をあたえた。

## 人びとの生活

黄河流域の華北には、森林があちこちに生いしげっていたと考えられています。そのなかで、人びとはアワを中心とした多くの種類の雑穀を栽培し、ブタなどの家畜を飼って生活していました。長江流域の華中には湿原と草原が広がり、人びとは水辺を利用してイネを栽培し、魚をとって生活していました。狩猟で得られるシカなども、両方の地域で人びとの重要な食料となりました。

穀物を栽培する農業技術が進歩し、安定して生産できるようになるには、長い時間がかかりました。農業技術が未熟だったころ、人びとは食料獲得の手段を穀物栽培だけにたよらず、狩猟や採集をするのに便利な場所に小さな集落をつくって生活し、短い期間で他の場所に移動したようです。やがて農業技術が進歩すると、穀物の栽培が生活の中心となり、ひとつの場所に長く定住するようになりました。生活が安定して、人口と集落の数が増え、集落の規模も大きくなっていきました。

こうしたことは、当時の集落の遺跡と、そこから発見された動物の骨や植物の一部、調理につかう土器や、農耕につかう道具類などからわかります。

## 地域間の交流

土器や道具類のかたちやつくり方には、地域ごとに特徴があり、そうした特徴がそれぞれの地域の文化の目印になります。中国に特有の、玉でつくった道具や装飾品にも、地域の文化の特徴があらわれます。異なる地域で出土した土器や道具類、玉器をくらべたとき、同じ特徴があれば、それらの地域のあいだに、人やモノの移動などの交流があったと考えることができます。また、ある地域文化で生まれた独特のかたちや用途をもった土器が、時間を追うにつれて他の複数の地域からも発見されるようになることがあります。複数の地域間で交流があり、文化が伝わったのです。

紀元前2000年代には、こうした交流が華北や華中、内蒙古の一部のあいだに見られ、これらの地方が政治や経済、文化の面でゆるやかにつながっていたことがわかってきました。このころにあらわれた、華北、華中とその周辺におよぶつながりを、中国の原型ということができます。

①は紀元前5000年～前3000年ごろ、黄河中流域で誕生した「鼎」という煮炊き用の土器。②は紀元前4500年～前3000年ごろに長江中流域でつくられた、食べ物を盛るための「豆」という高杯。③は紀元前4500年～前2500年ごろ、黄河下流域でつくられた酒を入れる「鬶」という土器。これらの土器は、それぞれ時代を追って周辺地域に伝わり、紀元前2000年代には多くの地域で共有されるようになった。

写真：ユニフォトプレス

玉：ヒスイを代表とするような、白や緑、青色などをした美しい石。半透明のもの、不透明のもの、明るい色のものから暗い色のものまで、さまざまな「玉」がある。中国では古くから「玉」には神秘的な力があると考えられていた。そのため、「玉」を加工してつくられた道具や装飾品（玉器）は、まつりのときの神へのささげ物や、身につけるお守りとして大切にされ、中国独自の「玉」の文化が発展した。

紀元前2600年〜前2000年ごろの集落の墓地跡（山西省襄汾陶寺遺跡）。
出典：中国社会科学院考古研究所・山西省臨汾市文物局編著『襄汾陶寺 1978〜1985年考古発掘報告』第4冊（文物出版社、2015年）

# 2 集落と墓地からわかる社会の変化

昔の人びとがくらした**集落**やその近くにある**墓地の遺跡**は、まだ**文字のなかった**当時の社会のようすを伝えてくれる場所です。

## 地域社会の階層化

紀元前5000年ごろの集落の遺跡に、大型の住居や広場のまわりに中・小型の住居がいくつかのグループに分かれて配置されたものがあります。中・小型の住居には一組の夫婦と子どもたち（核家族）がくらしていて、グループは親戚（拡大家族）だと考えられます。このころの集落の多くは、いくつかのグループに分かれた親族の集団でした。中心の大型住居や広場は、共同でつかう集会場のような役割をもっていました。近くの墓地を見ると、墓の大きさや副葬品の量などにあまり差がないことから、身分の格差はなかったと考えられます。

やがて農業技術が進歩して人口が増えると、手狭になった集落からグループが独立して、近くに集落をつくります。となりあう場所に集落がたくさんできて集落群となり、多くの人びとがくらす地域社会に発展します。そのなかで、地域社会のさまざまな活動を主導したり、問題を解決したりする有力者（首長）があらわれ、一般の地域住民より高い地位につくようになります。

そうした有力者の存在は、地域社会の共同墓地のなかに、一般の墓よりも大きく副葬品の多い墓があることなどからわかります。とくに、有力者の墓には他の地域からもたらされためずらしい品が入れられます。また、墓をいくつかのランクに分類することができるということは、その地域社会に、有力者の親族を頂点とするような身分の序列があったことを示しています。

紀元前3000年ごろまでに、華北や華中の多くの地域社会で、こうした有力者の登場と人びとの階層化が起こったと考えられます。

### ●ある集落の共同墓地に見える階層例

| 墓の大きさ | 数 | 割合 | 棺の有無 | 副葬品の数 | 被葬者の性別 |
|---|---|---|---|---|---|
| 大型 | 9 | 1.3% | 有 | 100〜200 | 男性 |
| 中型 | 80 | 11.4% | 有 | 10前後 | 男性・女性 |
| 小型 | 610 | 87.3% | 無 | 0〜3 | 男性・女性 |

約700の墓は3つの大きさに分類できる。墓の大きさは葬られている人の身分をあらわしているので、この地域には3段階の身分が存在したといえる。
出典：高煒・高天麟・張岱海「関于陶寺墓地的幾個問題」（『考古』1983年第6期）所載の山西省襄汾陶寺遺跡群共同墓地のデータを元に作成

### 用語解説

**拡大家族**：一組の夫婦とその子どもからなる核家族（基本家族ともいう）に対して、複数の夫婦が集まっている家族のかたちをさす言葉。両親のもとで、結婚した兄弟姉妹がそれぞれの家族とともに集まってくらしているといった状態がその例である。

**首長**：ある地域や集団のなかで、指導者、代表者、支配者として認められている者。特別な血筋を受けついでいたり、すぐれた能力をもっていたりするために、その地域や集団の中心になる。

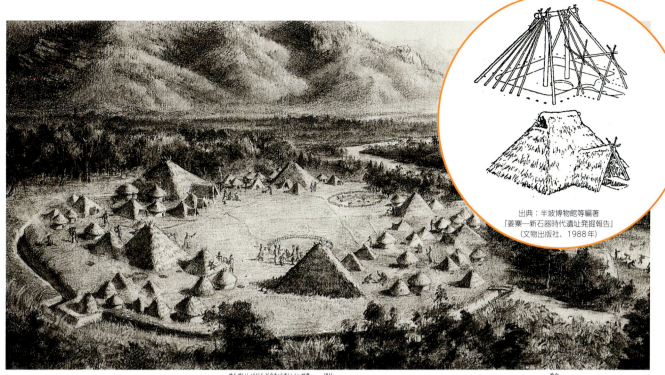

紀元前5000年〜前3000年ごろの集落の復元想像図（陝西省臨潼姜寨遺跡）。濠に囲まれた集落の中央には広場が設けられ、人びとは床の部分を地面より少し低くした「竪穴住居」（右図）に住んでいた。

出典：半坡博物館等編著『姜寨—新石器時代遺址発掘報告』（文物出版社、1988年）

写真：ユニフォトプレス

## 支配する集落、される集落

人びとの階層化にともなって、集落間にも階層化が起こります。ひとつの大きな集落を中心として、そのまわりにたくさんの中小の集落が点在するような集落群があらわれました。

大きな集落は、有力者が住んだり、盛大なまつりをおこなったりする地域社会の中心です。巨大な城壁に囲まれていたり、まつりのための施設があったり、近くに有力者の巨大な墳墓があったりします。そうした大きな施設をつくるには、大きな集落に住む人びとの力だけでは足りず、まわりの中小の集落に住む人びとも集めて工事をしたはずです。こうした状況から、中小の集落は大きな集落に支配されていたと考えられます。中小の集落に住む人びとは、農業をして生活しながら、大きな集落で活動する身分の高い有力者に従い、彼らのために働いていたのです。

地域住民の働きに対して、有力者は豊作をいのる盛大なまつりをおこなったり、生活のなかで起こる問題を解決したり、他の地域社会と交流し、ときには戦争をするなどして、地域社会の安定と発展をめざしました。

●ある集落群の分布図

現在の山東省済南市章丘区には、紀元前2000年代の集落遺跡が点在していて、それらは3つの大きさに分類できる。大きな集落のまわりに中・小の集落が点在して、ひとつの地域社会となっていたと考えられる。

出典：張学海「試論山東地区的龍山文化城」（『文物』1996年第12期）所載図を元に作成

副葬品：棺や墓のなかに、亡くなった人といっしょにおさめる品じな。日常生活でつかう品やお守り、その人の地位を示す品が多い。たとえば、山西省襄汾陶寺遺跡の墓地（左ページ写真）では、土器や陶器（調理・貯蔵用具）や石製の武器類、玉製の装飾品のほか、楽器やブタの下あごの骨が副葬されていた。副葬品は、地域文化を知る重要な手がかりである。

河南省偃師市二里頭村にある二里頭遺跡。1959年に発見されて以来、発掘調査・研究が進められている。写真は2003年の調査のよう。　写真:ユニフォトプレス

「中原」の位置と範囲
出典:松丸道雄等編『世界歴史大系 中国史1―先史～後漢―』(山川出版社、2003年)所載図を元に作成

## 3 「中原」の誕生
(紀元前1800年～前1600年ごろ)

華北の中央部、黄河中流域はのちに「中原」とよばれる地域です。ここに、紀元前2000年以降、ひとつの政治と文化の中心が出現しました。こののち、「中原」が中国の政治と文化の中心となっていきます。

### ■二里頭文化

　紀元前2000年前後、華北や華中のさまざまな地域で長いあいだ発展してきた地域文化をになう地域社会が、あいついでおとろえました。その原因のひとつは、世界規模の気候変動だったのではないかと考えられています。そのなかで、黄河中流域のいくつかの地域だけがおとろえずに発展を続け、やがてひとつの地域文化にまとまりました。それが二里頭文化です。

　二里頭文化が発展した黄河中流域は、東西に長い華北の中央にあたるだけでなく、山や川にそって南の華中や北の内蒙古に向かう、中国を結ぶ交通路の集まる場所でした。中国のさまざまな地域で生まれ、発展してきた多様な文化が、人やモノの移動とともに「中原」に集まり、「中原」を通って他の地域に伝わっていくなかで、それらを取りいれて先進的な二里頭文化が育っていったといえます。

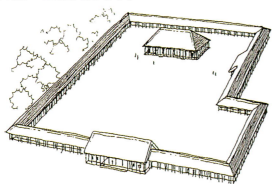

二里頭遺跡では複数の宮殿跡が発見されている。画像は、そのうちのひとつ「一号宮殿」の復元図。南に大門があり、回廊に囲まれた中庭に正殿があったとされている。
出典:楊鴻勛『楊鴻勛建築考古学論文集』(増訂版、清華大学出版社、2008年)

### 用語解説

**中原**:「華(「夏」とも書かれる)」(➡P16)の文化が共有されている地域をさす言葉。殷王朝(➡P10)や周王朝(➡P12)の都があった鄭州や洛陽を中心として、現在の河南省全域から、北は山西省南部、西は陝西省東部におよぶ地域をふくむのが一般的な「中原」だが、時代や人びとの意識によってその範囲は変化する。

## 中国で最初の王朝、「夏」?

二里頭文化の中心集落だった二里頭遺跡は、前の時代や同時代には類を見ないほど巨大な集落の遺跡です。集落は道路によって整然と区画され、青銅器（→P11）や玉器の製作工房があります。青銅器や玉器の材料は、遠くの地方から運ばれました。また、1000人以上の人を収容できる中庭をもつ巨大な宮殿のあとがあり、青銅器や玉器を用いた政治的な儀礼がおこなわれたようです。

これらのことから、ここが中国で最初の王朝の首都だったのではないかと考えることもできます。ただし、このころはまだ文字がないので、二里頭遺跡の政権がどのような名前をもっていたのか確認できません。研究者のなかには、のちの時代の歴史書の記述にしたがって、この政権を「夏」王朝とよぶ人もいます。

二里頭遺跡の政権は、遺跡を中心に半径100kmほどの範囲の集落群を支配していたようです。しかしそれだけではなく、外の周辺地域や、はるかに遠い地方の有力者とも交流をもち、先進的な文化を発信しました。二里頭文化を共有した範囲は、華北と華中を中心に、内蒙古や華南の一部にもおよぶことがわかっています。ゆるやかながら、「中原」を発信源として、中国がはじめて文化的なまとまりをもったのが、二里頭文化の時代でした。

●玉璋の広がり

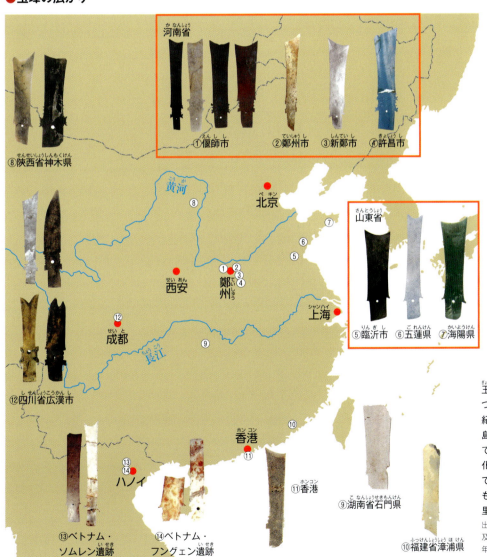

二里頭遺跡から出土した青銅牌。青銅牌は、青銅製の板にトルコ石をはめこんで文様をあらわした装飾品。二里頭文化に特徴的な出土品で、有力者の身分を示すものと考えられている。
写真：ユニフォトプレス

玉璋は二里頭文化の代表的な玉器のひとつで、儀式の際につかわれたとされる。紀元前2500年〜前2000年ごろに山東半島でつくられはじめ、黄河をさかのぼって中流域や上流域に伝わった。二里頭文化やその後の二里岡文化（殷前期、→P10）でさかんにつくられ、南方や四川方面にも伝わっていったと考えられている。二里頭文化の文化発信力を示す玉器である。
出典：香港中文大学中国考古芸術研究中心『南中国及隣近地区古文化研究』（中文大学出版社、1994年）所載の地図と写真を元に作成

夏：前漢時代（→P24）の中期、紀元前100年ごろに書かれた歴史書『史記』（→P24）に見える王朝の名前。『史記』は、神話のような内容の「五帝本紀」にはじまり、その次に、はじめて王位の世襲（地位を血統によって伝承していくこと）が定着した「夏」という王朝のことを記す。そのすぐ次に記されるのが、歴史上に実在したことが確認された殷王朝なので、殷王朝の遺跡よりも年代の古い二里頭遺跡こそ、『史記』に記録された「夏」王朝の遺跡にちがいないという見方が強くなっている。

殷王朝の遺跡・殷墟で出土した「司母戊鼎」。高さ133㎝、重さ875kgで、現存する殷周時代の青銅器のなかで最大とされる。　写真：ユニフォトプレス

## 4 殷王朝
（紀元前1600年ごろ～前1000年ごろ）

紀元前1600年ごろ、**二里頭文化**をになった人びとに代わってあらたに**黄河中流域**を支配するようになったのが、**二里岡文化**をになう人びとです。彼らが**殷王朝**をつくりました。

### 殷王朝の「大邑商」と儀礼

　あらたに「中原」を支配した二里岡文化の人びとは、青銅器や玉器をつくる技術やそれをつかった儀礼などを二里頭文化から受けつぎ、発展させました。数百年続いたこの王朝の後半期に文字（甲骨文字）が出現したため、この王朝がのちの時代の歴史書に見える殷王朝であること、支配者が「王」とよばれたことがわかりました。

　殷の王がほかより隔絶した身分だったことは、王たちの墓が特別に巨大で、しかも他の人びとの墓から離れた場所に独立してつくられたことからわかります。

　当時、人びとがくらす集落を「邑」とよびました。大きな「邑」が小さな「邑」をたくさん従えて、政治的にまとまった地域社会をつくっていました。殷王朝は、王とその一族、それにつかえるさまざまな技能をもつ集団がくらす「大邑商」を首都として、まわりの中小の「邑」を支配していました。殷の支配地域のまわりには他の地域社会があり、その支配者たちは、殷に従い王族と親族の関係を結んだり、従わずに敵対したりしました。

　殷の首都「大邑商」では、殷に従う支配者たちが参加して、王の祖先をまつる儀礼が盛大におこなわれました。殷の王族は太陽の末裔とされていて、儀礼につかわれる青銅器のすばらしさや、供物とされるウシの多さなどが、神の威光をまとった殷の王の偉大さを人びとに見せつけ、人びとを殷王朝のもとにまとめる効果をもったと考えられています。

●殷の都と見られる遺跡の分布図

殷王朝は何度か都を移している。場所は変わっても、都はつねに「大邑商」とよばれたようである。殷代の遺跡として有名な殷墟は、殷王朝の最後の都と考えられている。

・殷代後期の青銅器出土地点
★殷代前期の都とされる遺跡
★殷代中～後期の都とされる遺跡

出典：中国美術分類全集『中国青銅器全集4　商（四）』（文物出版社、1998年）所載図を元に作成

**用語解説**

**二里岡文化**：河南省鄭州市にある二里岡遺跡を中心とする地域文化。先に発見・調査された殷王朝の殷墟を中心とする殷墟文化との比較から、それと同じ系統で、それよりも古い段階にあたることが確認され、殷王朝前期の文化と考えられるようになった。さらにさかのぼると、二里岡文化をになう人びとは、河南省を中心とする地域で二里頭文化が栄えていた時期に、河北省南部から南下してきたと見られるので、2つの文化は別べつに発達した、系統の異なる文化である。

## 殷の文字と青銅器

殷王朝では、さまざまなことを、占いで神にたずねてからおこなっていました。カメの甲羅やウシの肩胛骨を火にあぶって生じるひび割れに、神の意志があらわれると考えたのです。そのひび割れのわきに、何をたずねたのか、ひび割れはどういう意味なのかなどをきざみこんだものが、甲骨文字です。今までに、5200字ほどあったことがわかっています。これが漢字の原型です。

殷王朝はまた、青銅器をつくる高い技術を独占していました。まつりにつかう精巧な容器のほか、すぐれた武器が青銅でつくられ、殷が黄河中流域のたくさんの地域社会を征服し、そのまわりの地方にも進出していく力となりました。

甲骨文字に、戦争をしてよいかどうかたずねる言葉がひんぱんに出てくることから、殷王朝は、自分たちに従わない勢力や、ちがう文化をもつ種族との戦争をくりかえしていたことがわかります。やがて、戦争によって弱体化した殷の支配力はおとろえて、敵対していた勢力の連合軍によって滅ぼされました。その連合軍を率いていたのが周でした。

「まつりと外征（外部との戦争）がうまくいくかどうか」といった神への質問がきざまれた甲骨文字。
天理大学附属天理参考館所蔵

### もっとくわしく　殷と商

殷王朝のことを、中国では商王朝とよぶ。甲骨文字には、殷という固有名詞は出てこないが、王都となった「邑」が商とよばれている。そのため中国では、商を王朝の名称とすることが多くなっている。一方、周王朝初期の青銅器の銘文に、殷という固有名詞が出てくる。それは、周の人びとが、殷の支配地域の全体をさしてつかった地名であり、国名ともいえる。このように、殷と商とでは意味が異なるが、現在では王朝名としてどちらも通用する。

### もっとくわしく　青銅器って何？

中国殷周時代の青銅器は、世界的に見ても類のない、非常にすぐれた工芸品といえる。その製作技術が、王都の遺跡にある工房跡を調査することでわかってきた。青銅は、銅と錫の合金。製品の用途によって、銅と錫を配合する割合が変わるが、当時の職人はそれについてかなり正確な知識をもっていたようだ。

とかした銅と錫をまぜて、陶製の鋳型に流しこんで固め、その後鋳型をくだいて製品を取りだすのが、青銅器のおもなつくり方だ。陶製の鋳型を正確につくることが必要になるので、高度な青銅器の製作の背景には、高度な陶芸の技術があった。

錫を配合する割合によって製品の色も少し変わってくるが、つくりたての青銅器は、ぴかぴかの金に近い色をもっている。時間がたつと表面が酸化し、青緑色になる。

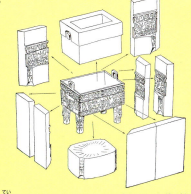

青銅器（鼎）の製作方法を示した図。青銅器の部位ごとに、型となる陶器がつくられる。　出典：李済、万家保『殷墟出土青銅鼎形器之研究』（古器物研究専刊第四本、中央研究院歴史語言研究所、1970年）

邑：人びとの住む集落を意味する言葉。家の集まりだけでなく、そのまわりに広がる耕作地や採集の場（山林や川）もふくみ、そうした生活圏全体を「邑」とよんでいたと考えられる。その意味で、現代の「まち」という言葉の感覚に近い。王や身分の高い人びとが住む「邑」は巨大な壁に囲まれていることが多く、この壁のことを中国では「城」や「郭」という。なお、漢字の部首の「おおざと」（阝）は「邑」の字を省略したもので、人の住む場所に関係する漢字や「邑」の名前を示す漢字によく見られる。

殷王朝をたおす前、周の人びとが長くくらしていた「周原」とよばれる地域（陝西省宝鶏市）では、建築物の遺跡などから、青銅器や甲骨文字が発見されている。　出典：ユニフォトプレス

# 5 周王朝
（紀元前1000年ごろ～前256年）

殷王朝をたおして、周王朝が「中原」に進出しました。「封建」というあらたな政治制度によって、「中原」とその周辺地域を政治的に統合しました。

## 周王朝の設立

周は、「中原」の西、華北の西部に位置する陝西盆地にあった地域社会を支配した勢力で、殷とは異なる独自の文化をもちながら、殷の文化も取りいれていました。周はもともと殷に従っていましたが、文王のとき（紀元前1000年ごろ）東に進出しました。そして文王の子の武王のとき、天の神が周に暴虐な殷（紂王）をたおすことを命じたとして、殷に敵対する勢力を集め、殷の王都を攻めて紂王を殺しました。これが殷周革命*とよばれる事件です（紀元前1046年？）。

武王がまもなく亡くなると、弟の周公と有力者の召公が、武王の幼い息子の成王を補佐して周王朝の政治制度を確立しました。陝西盆地の豊京と鎬京（宗周）を本拠地としながら、かつての殷の王都に近い場所に洛邑（成周）を建設して、もうひとつの拠点としました。のちに陝西盆地を失って洛邑に遷都するまでを西周（紀元前750年ごろまで）、遷都して以降を東周（紀元前256年に滅亡）とよびます。

*「革命」とは、中国では王朝の交代を意味していた。

### もっとくわしく
#### 中国最古の「中国」

西周の前期に製作された何尊という青銅器の銘文に、「中国」という言葉が出てくる。この青銅器は、何という人物の父が、周の文王を助けた功績によって、孫の成王からさずけられたもの。このなかで成王は、父の武王の、「中国」を造営してそこを拠点に政治をおこなう、という言葉を引用しているが、その「中国」とは、洛邑（成周）をさす。

歴史上にはじめてあらわれた「中国」という言葉は、中心にある「邑」という意味で、洛邑が世界の中心と考えられていた。「中国」という言葉の意味は、時代によって変わっていく。

何尊（陝西省宝鶏市賈村鎮出土）と、その内側に記された銘文（拓本）。丸で囲った2文字が「中国」を示す。
出典：中国美術分類全集『中国青銅器全集5　西周（一）』（文物出版社、1998年）

### 用語解説

四方：周の王が直接に支配する「周邦」という地域の外側に広がる地域をさす言葉。「周邦」は、周の王が活動の拠点としていた西の豊京と鎬京（宗周）と東の洛邑（成周）を中心に、まわりの小さな「邑」が従う地域である。王は諸侯に「周邦」の外側にある「邑」をあたえ、そうした諸侯の「邑」が点在する地域を「四方」とよんだ。ただし、「四方」には周の王に従わない「邑」や勢力も点在していたため、「四方」は王や諸侯が敵対勢力と戦う地域でもあった。

## 「封建」制度と青銅器

周の王は、親族の者や殷を滅ぼすときに功績のあった者、周に従うことを約束した者を、洛邑（成周）のまわりの「四方」に点在する「邑」の支配者に任命しました。こうして周の王とのあいだに君主と臣下の関係を結んだ者を「諸侯」といいます。周の王は、天の命を受けた「天子」として諸侯の上に立ちます。周の王は、諸侯の功績や職務に応じた品と身分をあたえ、諸侯はそれにこたえて王と約束した職務をこなし、みつぎものをおさめます。また、諸侯は自分の「邑」のまわりにある小さな「邑」を自分の臣下にあたえ、それぞれに君主と臣下の関係を結びます。これが、「封建」とよばれる周の政治制度です。

周は、殷の先進的な青銅器文化を受けつぐとともに、青銅器に文章を入れる技術を発展させました。周王朝の時代の青銅器には、周の王が功績を立てた諸侯を任命したり品じなをあたえたりしたことを示す文章を記したものがあります。王の「封建」の命令が、青銅器に記録されたのです。このような青銅器の多くは、諸侯が祖先をまつるときに食器としてつかわれました。そのため青銅器は、先祖の功績や周の王との関係を、まつりの場で子孫に伝えていく役割をもっていたと考えられています。

### もっとくわしく
#### 周王朝と儒学

のちの時代の儒学（➡P21、26）では、周王朝は理想の王朝とされた。文王や武王、成王などの西周初期の王たちや、それを補佐した召公・周公といった人びとは、道徳的にも政治的にも非常にすぐれていて、安定した政治によって平和な社会がつくられたとされる。

しかし、20世紀以降、周の青銅器銘文の研究が進んだことをきっかけに、戦争の絶えない不安定な時代であったことがわかってきた。のちの時代の儒学者たちが、政治や道徳の手本として、西周初期の政治や社会を美化して伝えたために、実際とはちがう周王朝の姿が歴史書に記された。

## 周王朝の拡大

殷周革命のあとも、周に従わない勢力が各地にいて、戦争が絶えず起こっていたようです。周は戦争を続けながら、山や川にそった交通路によって、東や南、北へと進出し、その地に諸侯の「邑」を置きました。新しい土地や資源を手に入れることが、周の王と諸侯の利益となったためです。「四方」には習俗や生業の異なる「夷・狄・戎・蛮」とよばれる人びともいて、周王朝と諸侯にとって脅威となりました。こうした人びとは、周王朝に従えば諸侯に認定されることもありましたが、文化的に異質な人びとであるという意識は残りました。

周の青銅器の発見された場所を、周に従う諸侯の「邑」のあった場所と考えると、その分布の範囲は、華北の全域だけでなく、内蒙古の南部や東部、華中の中部に広がっています。西周時代には、こうした地方が「中原」の王朝に臣下として従う、「封建」制度による政治的な統合があらわれました。

### ●宗周と成周の位置および西周期青銅器の出土地点の分布図

周王朝は、統治のために東西に2つの拠点をつくった。豊京・鎬京の一帯が西の拠点「宗周」で、殷をたおすまで周の人びとが長くくらしてきた故郷にあたる。それに対して、殷をたおしてから東に新しく建設した洛邑を「成周」という。「成周」は、殷が統治していた東方地域を周が統治するための前線拠点である。

出典：中国美術分類全集『中国青銅器全集6　西周(二)』（文物出版社、1998年）所載図を元に作成

夷・狄・戎・蛮：周王朝に従う人びとの文化を共有しない人びとや、その集団をさす言葉。「中原」では農耕に基礎を置く文化が発達したが、山間部や大きな川のほとり、海辺などには狩猟や漁業などを生業として独自の文化をもつ人びともくらしていた。そうした人びとは、その土地や地域の名称に「夷・狄・戎・蛮」をつけてよばれた。「陸渾戎」「淮夷」「荊蛮（楚のこと、➡P17）」などがその例である。

河北省邯鄲市にある、趙（→P19）の国都・邯鄲の城壁の一部。現在でも8m近い高さが残っている。春秋時代（→P16）の「国」の多くは、こうした高い城壁に囲まれていたと考えられている。　出典：河北省文物研究所編著『河北考古重要発現　1949～2009』（科学出版社、2009年）

## 6 周～春秋時代の「国」の外となか

諸侯がおさめた「国」やそのまわりの「邑」は、当時の人びとがくらした「まち」です。

### ■「国」と「邑」とそのまわり

　諸侯が君主として住む「邑」を「国」といいます。「国」は城壁に囲まれた大きな都市です。ひとつの「国」を中心として、まわりに農民などが住む多くの中小の「邑」が従い、王や諸侯がおさめる領域をかたちづくります。その原型は、紀元前2000年代に各地にできていた集落群にあります。周王朝による「封建」の結果、このような王や諸侯が君主としてそれぞれおさめる領域が、大きなものから小さなものまで、華北や華中北部にたくさんできました。

　中小の「邑」の多くは耕作地に囲まれた農村で、まわりには狩猟や採集、漁労の場となったり、木材や鉱物を産出したりする山林や湿地、河川もあります。そこは、人びとの生活に欠かせない自然資源を産出する場でした。「邑」の人びとがこうした場所を共同で管理していましたが、やがて君主が管理し、資源や収益を自分のものとするようになりました。これによって君主は財力をたくわえ、人びとを集め支配する力を増していったのです。

　広大な森林や山地には、農業を生業としない人びともくらしていました。それが、「夷」や「戎」などとよばれる人びとです。彼らの生活の場は農耕民と近接していたので、資源などをめぐって紛争が起こることもありました。周王朝や諸侯が彼らを脅威と見なしたのは、そのためです。

　周～春秋時代、「夷」や「戎」は華北や華中北部のあちこちにいました。諸侯が森林や山地まで支配下におさめようとするなかで、臣下となったり、征服されて「邑」に移住させられたりして、戦国時代には多くが農耕民に同化していきました。

### 用語解説

**国人**：君主の住む地域の中心的な「邑」である「国」にくらす人びと。「士」以上の身分の人びとをさし、商工業者や農民はふくまない。国人は「国」の政治について発言権をもっていて、君主は政治上重要なことがらについて、国人を集めて意見を聞くことがあった。君主やそれを補佐する「卿」は、国人の意見を無視した勝手な政治をおこなうことは許されなかった。それは、国人たちが軍隊となって「国」を守るとともに、戦争による「国」の勢力の拡大をになっていたためでもある。

## 「国」のなかの身分と決まり事

　君主である諸侯とその一族は、「公」という身分にあります。それを補佐して政治をおこなう、「公」に次ぐ身分を「卿」といいます。「公」や「卿」は周の王室と縁のある由緒正しい家柄です。「卿」の下には「大夫」「士」という身分があり、その身分の人びとがおもに「国人」とよばれました。彼らは、君主から「国」の周囲の「邑」や耕作地をあたえられる代わりに、「公」や「卿」の人びとにつかえ、軍隊となって「国」を守っていました。これらの身分の人びとが、「国」やそのまわりの「邑」に住む商工業者や農民（庶）を支配していました。

　こうした「国」を舞台とした身分の序列や君主と臣下の倫理などには、さまざまな決まり事がありました。とくに身分をあらわす決まり事として重要だったのは、冠婚葬祭の儀式のやり方や衣装、そこで使用する飲食器や楽器（礼器）の数と種類です。

　これらの決まり事やそれにまつわる作法、道徳は、二里頭文化以来の農耕をおもな生業とする社会の伝統としてはぐくまれ、周の「封建」制度と結びついて、周王朝のもとで政治的にまとまっていた諸侯のあいだで共有されていました。これが、やがて「礼楽」とよばれる、「中原」の文化の核心になります。

●周～春秋時代の「国」における身分制

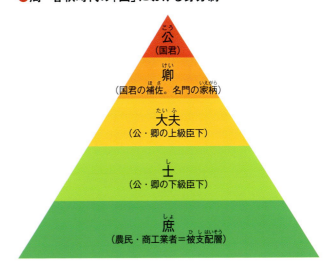

公（国君）
卿（国君の補佐。名門の家柄）
大夫（公・卿の上級臣下）
士（公・卿の下級臣下）
庶（農民・商工業者＝被支配層）

河南省新鄭市の遺跡から出土した礼器。9つの青銅製の「鼎」（3本足のなべ型の器。直接火にかけて煮炊きする）のほか、「簋」（台のついたはち型の器。調理した穀物を盛る）とよばれる食器が8つ、その他の礼器とともに埋められていた。これらの数は、それを使用する人の身分がかなり高いことを示している。周の諸侯国のひとつだった鄭の国君（公）が祭祀に用いた礼器と見られている。

写真：ユニフォトプレス

礼楽：「礼」とは基本的にさまざまな儀礼の様式や作法をさし、「楽」とはそうした儀礼の場で演奏される音楽をさす。このような儀礼の決まり事やその背景にある道徳、人びとの心を正しい方向に導く音楽のあり方全体を「礼楽」と表現するようになった。儒学（→P21、27）では、「礼楽」は聖人（伝説の帝王の堯・舜や周の文王・周公など）が定めたものとされるが、実際には長い年月をかけて「中原」地域を中心につくりあげられた文化といえる。

春秋時代の諸侯国のひとつ、曾の国君の墓からほぼ完全なかたちで発見された、古代中国の打楽器「編鐘」。数名の楽人が分担して打ち、音楽を演奏したと見られる。春秋戦国時代を代表する出土品。　写真：ユニフォトプレス

# 7 春秋時代
（紀元前750年ごろ～前450年ごろ）

春秋時代には、周王朝による政治的な統合がくずれ、各地方で政治の中心となる諸侯が成長し抗争を重ねるなかで、「華」と「夷」の区別が強く意識されるようになりました。

## ■「華」と「夷」の国ぐに

　西周（→P12）の中期ごろから、戦争で得たものより損害のほうが大きくなり、周王朝と諸侯との関係は悪化しました。そこへ王室の内紛と分裂が重なり、周は本拠地であった陝西盆地を失い、東の洛邑へ都を移します（紀元前750年ごろ）。これを「東遷」といいます。この事件以後の時代を、春秋時代とよびます。

　東遷ののち、もはや周王朝に諸侯をまとめる力はなく、諸侯間の紛争がたびたび起こるようになりました。大きな諸侯は、小さな諸侯の「国」や、近隣の「夷」などの集団を自分の領域に取りこんで、勢力を拡大していきました。

　周王朝に封建された諸侯と、その支配下にいる人びとは、言葉や、農耕のサイクルにもとづく生活習慣、人づきあいの作法や道徳をある程度共有していました。それらを共有していない人びとが「夷」などとされました。たとえば、農耕を生活の中心としないことの多い「夷」は、食べ物や服装もちがいます。生活において役に立つ、価値のある品も異なるので、贈り物も食いちがいます。また、南方の「夷」には体に入れ墨をほどこす習慣がありましたが、「中原」の人びとはこれをたいへんきらいました。

　こうした異質な人びとの存在に刺激されて、「中原」の諸侯は自分たちを文化的なまとまりとして意識し、そのまとまりや共有する文化を「華（夏）」と見なすようになったと考えられます。そしてこのような意識が、諸侯の政治や外交において、どの勢力と結びつくべきかといった判断や立場に影響をあたえるようになります。

### 用語解説

斉：周の武王が殷をたおすときに功績のあった呂尚（太公望）が封建された国。現在の山東省淄博市に国都があった。戦国時代には強大な国力を誇り、思想や学術の一大中心地となったが、秦に滅ぼされた。

晋：周の成王の弟叔虞が封建された国。現在の山西省南部をおさめ、周王朝の弱体化とともに河南省北部も支配する大国になり、南方の楚に対抗する「中原」諸侯の盟主としての地位を保った。戦国時代に韓、魏、趙の三国に分裂し、滅びた。

## 「中原」諸侯の同盟と楚

こうしたなかで、周の王を尊重し、諸侯による同盟の結成を主導して、紛争を調停し、周の王のもとでの政治的な統合を保とうとする諸侯が交代であらわれました。同盟の盟主となった諸侯は「覇者」とよばれ、みな大国をおさめる有力な諸侯でした。なかでも、斉の桓公や晋の文公が有名です。同盟の結成には、南の長江中流域を本拠地として勢力を増してきた楚に対抗して、「中原」の諸侯の団結を確認する目的もありました。

楚は、「中原」とは風土の異なる長江中流域で独自の文化をはぐくんでいたので、「蛮夷（野蛮な異民族）」と見られていました。西周時代以来、周王朝を支持する「中原」の政治的なまとまりにはあまり属さず、はやくから君主を「王」と称しました。これは、周の王を尊重する「中原」の諸侯から見ると、たいへん尊大なふるまいです。楚が北上して「中原」の南端の諸侯をおびやかすようになると、斉や晋は「中原」の盟主として楚と戦いました。

## 周辺地域の新興勢力

やがて紀元前500年代以降、楚の東の長江下流域に呉と越という新しい勢力がおこりました。「中原」の政治や文化の影響を受けて、長江流域でも、いくつかの地域が政治的なまとまりをもち、勢力争いが起こるようになりました。

また、周王朝が失った陝西盆地にも、あらたな勢力があらわれました。それが秦です。秦は、牧畜をおもな生業とする西の地方から進出してきた人びとであったため、やはり「中原」の諸侯から「蛮夷」と見なされました。秦は、東隣の晋と協力したり対立したりしながら、陝西盆地とそのまわりにいた多くの「戎」を征服し、勢力を築きました。

「中原」の諸侯と「蛮夷」の諸侯とが入り乱れて抗争をくりかえすなかであらわれてきた「華」と「夷」の区別には、文化的な差異と、春秋時代の政治的な立場のちがいとの両面がありました。次の戦国時代までに、「中原」の地域にいた「夷」の人びとは、ほとんど「華」に同化していきました。

### もっとくわしく

#### 「春秋戦国時代」という名前の由来

周王朝の東遷から秦の始皇帝による天下の統一までの550年間を、一般的に「春秋戦国時代」とよぶ。この時代はさらに春秋時代と戦国時代（→P18）に分かれるが、「春秋」と「戦国」という名前は、それぞれ2つの書物の名前に由来する。

周公（→P12）の子孫が封建された国の魯（→P20）には、隠公から哀公まで12代の国君の、約240年間の治世に起こったできごとを、記録官である「史」が代々記録してきた年代記『春秋』があった。そのはじまりは紀元前722年で、周王朝の東遷という政治的な大事件からまもない時期にあたる。魯の出身の孔子（→P21）はこの年代記を重視したといわれ、戦国時代末期以降、『春秋』の研究は儒学のジャンルのひとつとなる。そして同じころ、『春秋』が記録している期間とその前後の期間とをあわせてひとつの時代と考え、その時代に「春秋」という名前をあたえるようになった。

「戦国」は、漢代にまとめられた『戦国策』という書物に由来する。これは、春秋時代のあと、始皇帝による統一まで、おもに大国間の緊迫した外交にたずさわった遊説家の活動や交渉の経緯をまとめたもの。この期間を戦国時代とよぶことは、かなりあとの時代に定着した。

『春秋』には注釈書がいくつか残されていて、現代でも読むことができる。画像は代表的な注釈書のひとつ、『春秋左氏伝』。
安本博『春秋左氏伝』（角川ソフィア文庫）

---

楚：西周末期から春秋戦国時代に、現在の湖北省と湖南省にわたる地域を支配した国。楚のものとされる遺跡の出土品や墓のかたち、歴史書に見える政治制度などは、「中原」の諸国とはかなり異なっており、別系統の文化をもっていたことがわかる。

呉：現在の江蘇省を中心におこった国。一時は楚を滅亡寸前まで追いつめたが、南の越により滅ぼされた。
越：現在の浙江省を中心に勢力をもった国。呉を滅ぼしたあとに山東半島南部まで進出したとされるが、戦国時代に楚に敗れた。

戦国七雄のひとつ、楚の有力者の墓から出土した革製の鎧。戦国時代には、革に漆をぬった鎧がよく用いられた。　写真：ユニフォトプレス

# 8 戦国時代
（紀元前450年ごろ～前221年）

「中原」とその周辺の諸侯の勢力拡大競争が長く続いたあと、勝ちのこった諸侯によって7つの大国がつくられます。

## 「戦国七雄」とあらたな政治制度

　紀元前453年、「中原」の諸侯の中心であった晋が、韓、魏、趙の3つに分裂します。この韓、魏、趙と、楚、秦、斉、北方の燕の計7つの諸侯は、ついに周の王を尊重するのをやめて自分を「王」と称します。7つの諸侯は、春秋時代のはじめに数多くあった諸侯の「国」のほとんどを征服し、それぞれ広大な領域を支配しました。この7つの諸侯を「戦国七雄」といい、抗争のすえ、秦によって統一されるまで（紀元前221年）の時代を戦国時代といいます。

　7つの諸侯の領域でおこなわれた政治制度は、春秋時代までに周の王や諸侯がおこなっていた「封建」制度から大きく変化していました。抗争を勝ちぬくために、君主がより大きな権限と豊富な財源をもち、臣下や民衆を効率的に働かせ、管理する政治制度が数多く考えだされました。

　たとえば、春秋時代には、軍隊に参加するのは「士」以上の身分の「国人」だけでした。ところが、戦国時代には、下の身分の商工業者や農民も兵隊になり、税をおさめ、戦争で功績をたてれば身分を上げることができるような制度がはじまりました。これは、周の時代以来の家柄によって固定していた、身分の区別がくずれていくことを意味します。

### ●「戦国七雄」の分布図

戦国七雄のなかには、政治や軍事上の必要から王都が複数あるものもある。また、七雄はそれぞれ、隣接する対立勢力に備えて「長城」（ライン状につくられた防衛施設）を建設した。このうち、とくに北方の遊牧民の活動地域に隣接する燕や趙、秦が築いた「長城」が、のちの「万里の長城」の基礎となった。　出典：鶴間和幸『秦の始皇帝─多元世界の統一者』（白帝社、中国歴史人物選第1巻、1994年）所載図を元に作成

**用語解説**

韓：春秋時代の晋の有力家臣（卿）だった韓氏が、同じく有力家臣の魏氏、趙氏とともに晋の領域を三分割して建てた国。「中原」の中心部（現在の河南省中部と山西省西南部）を支配したが、秦の始皇帝によって「戦国七雄」のなかで最初に滅ぼされた。

魏：現在の河南省東部と北部を中心とする地域を支配した。「戦国七雄」のなかでもいちはやく政治制度改革に取りかかった。しかし古くから栄えていた地域だったためにあらたに開発する土地がなく、国力はのびなやみ、秦に領土をけずりとられ滅びた。

## 農業技術の進歩による変化

春秋時代はじめごろの「邑」や「国」では、多くの農民は親族ごとにまとまってくらしていました。その状況が春秋時代には変化し、より小さな核家族（夫婦と子ども）ごとに散らばってくらす傾向があらわれました。変化の原因のひとつは、農業技術の進歩です。

春秋時代以降、金属製農具の普及などによって、少ない人数で効率的に農業ができるようになりました。核家族くらいの少人数で、家族がくらしていける量の作物を生産できるようになったために、たくさんの親族でまとまって農業をする必要がなくなったのです。また、住んでいた「邑」や「国」が征服されて、離散せざるを得なくなる場合もありました。上層の身分ではまだ親族でまとまって結束を保つこともありましたが、下層の人びとが新しい場所にさかんに移動するようになったのが、春秋戦国時代の新しい傾向です。

こうした状況に応じて生まれた新しい制度のひとつに、「県」があります。「県」は、おもに諸侯が新しく得た領土で、住民を家族単位で居住地ごとに把握するしくみとしてはじまりました。その目的は、住民に税をおさめさせたり、住民のうちの成年男性を兵隊としたり土木事業で働かせたりすることです。

## 「封建」制度から「郡県」制度へ

周～春秋時代、「邑」は、「封建」制度のもとで、君主である周の王や諸侯が臣下の「卿」や「大夫」に領地としてあたえ、彼らが代々受けつぐものでした。君主には、臣下にあたえた領地の領民に税をかけたり働かせたりする権限はありません。大から小まで、それぞれに領地と領民をもつ領主がたくさんいたのです。

春秋戦国時代には、大領主である諸侯が、小領主の「邑」を奪ったり、土地を開発して新しく居住地をつくったりしたとき、自分の領地として、役人を派遣して管理させることが増えていきました。そのとき、領地と領民を管理するために、「邑」を区画しなおしました。その新しい区画が「県」です。

君主は、「県」の住民の労働力や税を活用して、役人に俸給を支払い、国力の維持や拡大をはかるので、支配する「県」が多くなればなるほど、強力な軍隊と豊かな財源をもつことができます。また、俸給によって諸侯につかえる役人（官僚）が、従来の「卿」や「大夫」に代わって君主を補佐し、政治をになうようになります。

「戦国七雄」の君主たちは、「封建」制度をやめて、「県」制度に切りかえていくことで、国力を高めていきました。やがて「県」の上にあらたに「郡」という区画をつくる諸侯があらわれたため、「封建」制度に代わるあらたな政治制度を「郡県」制度とよびます。

●「県」制への移行のイメージ

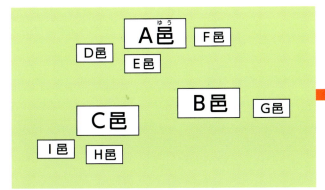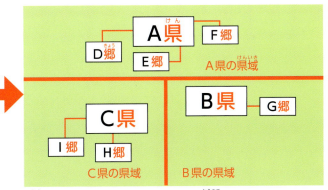

「邑」の集落としてのかたちは変わらないが、大きい「邑」（県）の下に小さい「邑」（郷）を組みこんで、行政において県が郷を統轄する関係をはっきりさせ、県が住民に関する情報をまとめるようになった。また、「邑」のまわりにある道路や耕作地の境界を整えることもあった。

趙：現在の河北省南部から山西省東南部を支配した。北方の遊牧民の戦闘スタイルである「胡服騎射」（ズボンをはいて馬に乗り、馬上から弓で射る）を取りいれて軍事力を高めたが、紀元前260年の秦との戦いに大敗して以降衰退し、やがて秦に滅ぼされた。

燕：周の武王と成王を補佐した召公の一族が封建されたとされる国。現在の北京付近を中心とする地域を支配した。戦国時代末期、燕の王太子が、始皇帝を暗殺するために荊軻という刺客を送りこんだ話で知られる。

儒学の誕生した中国や、のちに儒学が伝わった朝鮮半島や日本などには、創始者・孔子をまつる施設(孔子廟)が各地にある。写真は、孔子の故郷のまち(現・山東省曲阜市)にある中国最大の孔子廟。

# 9 諸子百家の活動

春秋時代の終わりから戦国時代は、「諸子百家」とよばれる思想家たちがさかんに活動した時代です。彼らは、政治と社会の新しい姿を探しもとめた人びとでした。

## ■「諸子百家」の登場

諸侯の「国」どうしの勢力拡大競争が続くなか、「国」の内側でも、君主である「公」とそれを代々補佐してきた「卿」や「大夫」とのあいだで、権限や権益をめぐる争いが起きました。勝ちのこるために、君主は自分を補佐する人材をあらたにもとめ、政治の知識がある、または武術にすぐれているといった能力をもつ人びとを、家柄や出身地にこだわらずに登用するようになりました。登用された人びともまた、自分の考え方を受けいれ、実力を認めてくれる君主をもとめていました。彼らの多くは「士」の身分の出身ですが、商工業者や農民といった庶民階層出身者もいました。

こうした人びとのなかで、とくに学問と教養を身につけ、政治や社会に対する考え方をもち、それにもとづく政策を提言しながら、諸侯のあいだを遊説した人びとを、「諸子」といいます。「子」とは「先生」を意味する敬称で、それぞれに弟子の集団を率い、思想を伝承していく者もいました。「百家」とは、そうして多数の思想の流派が生まれたことを意味しています。彼らは、各自の理想にもとづいて、国力を増強したり、統治を安定させたりする方策を説いて、自分たちを諸侯に売りこみました。「諸子」は競争や論争を通じてたがいに影響をあたえあい、新しい政治の理想や制度を探求しました。

● 「諸子」の活動時期

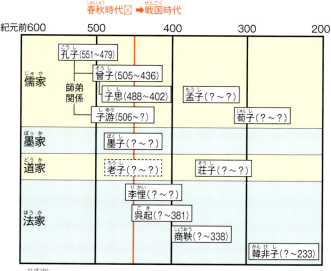

※生没年はいずれも紀元前。なお、老子は実在の人物かどうか不明。

**用語解説**

魯：周の武王の弟周公が封建された国。現在の山東省曲阜市を中心として、山東省西南部を支配した。周の伝統文化を伝え、また孔子の生まれた国として有名だが、国力はあまりふるわず、戦国時代なかばに楚に滅ぼされた。

墨家：紀元前450年前後に活動した墨子の思想を伝承した人びとの総称。墨子は庶民階層の出身とされ、同じ階層の技術者や職人の集団を率いて戦争に巻きこまれた小さな「国」を守るために出動し、「非攻」の思想を実践していたといわれる。

## 孔子が創始した儒家

春秋時代の終わりごろに魯の孔子（前551〜前479）が創始した儒家は、「仁」や「礼」を重んじる学派です。「仁」とは過去の偉大な王たちの言動を手本とした道徳で、「礼」とはその「仁」にのっとった社会生活において守るべき決まり事や、それを反映した作法です。孔子は「仁」や「礼」によって社会を立てなおすことをめざしましたが、諸侯に受けいれられず、弟子の教育に専念しました。やがてその弟子のなかから、戦国時代中期の孟子が「仁」を、末期の荀子が「礼」を、それぞれ重視して理論的に発展させます。

儒家の影響を受けて、その考え方に反発する墨家と道家があらわれました。墨家は、家族や親族を大事にする孔子の「仁」に対して、すべての人を平等に愛する「兼愛」をかかげ、「兼愛」の立場から戦争に反対する「非攻」を主張しました。また道家は、人間がつくった道徳や秩序にしばられない「無為自然」をとなえました。

## 戦国時代に重視された法家

戦国時代に入ると、人びとをおさめる際に、儒家が重んじる伝統的な社会生活上の道徳や決まり事によるのではなく、君主が定めた法律によろうとする法家の考え方が、各国で重視されるようになりました。法律にもとづいて人びとの労働力や税を管理し、身分に関係なく刑罰や報賞を定めて人びとの働きを評価することは、人びとを君主に従わせて国力を増すのに有効な方策と考えられたのです。

こうした法律の制定や、政治・軍事・経済の改革が、法家の諸子の主導のもと、各国で実施されました。たとえば、魏は農業生産を増やし穀物の価格を安定させる政策をおこないました。楚は軍隊の規律を改め、公族の優遇やむだな官職を廃止しようとしました。秦では「商鞅の変法」とよばれる改革がおこなわれました（→P22）。

### もっとくわしく
### 自然や宇宙のしくみに関する理論の登場

戦国時代には、自然界の摂理から人間社会のあるべき姿を読みとり、政治に役立てようとする考え方もあらわれた。丸い天が傘を広げたように四角い大地の上をおおっている（「天円地方」）という「蓋天説」や、あらゆるものは木・火・土・金・水の5つの要素に分類され、その影響を受けているとする「五行説」などだ。

これらは、中国文化に特徴的な考え方として受けつがれただけでなく、やがて朝鮮や日本などにも伝わった。

五行のめぐりにはふたつの説がある。ひとつは青矢印で示した、矢印の元のものが先のものに勝って置きかわっていく「相勝」（相克ともいう）説で、戦国時代にあらわれた。もうひとつは黒矢印で示した、矢印の元のものは先のものを生みだす母体となるという「相生」説。前漢時代以降は「相生」説が主流となる。
出典：橋本敬造『中国占星術の世界』（東方書店、1993年）所載図を元に作成

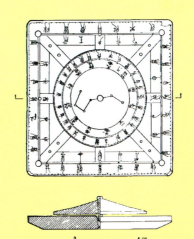

天と地をかたどった「式」という占いの器具（復元図）。四角い「地盤」に丸い「天盤」がのり、中心に北斗七星が描かれた天盤を回転させて日々の行事や方角の吉凶などを占う。
出典：甘粛省博物館「武威磨咀子三座漢墓発掘簡報」（『文物』1972年第12期）

道家：老子の思想を奉じ伝承した人びとの総称。老子は楚の人とされるが、実在の人物かどうかわからない。宇宙や万物の根源として「道」というものを考えることが、この思想の基本である。戦国時代なかばに、荘子が老子の「道」にもとづき、政治から離れ現実世界から心を自由にすることを説き、道家の思想に新しい方向をあたえた。そのため、道家思想は「老荘思想」ともよばれる。老荘思想は4世紀ごろからふたたび注目され、中国の人びとが仏教を受けいれるうえで重要な役割をはたすことになる。

陝西省西安市の北東にある始皇帝陵。陵の周辺一帯が広大な陵園となっていて、敷地の内外にはほぼ等身大の人や馬をかたどった数千体もの「兵馬俑」が埋められていた。　写真：ユニフォトプレス

# 10 秦の中国統一
（紀元前221年〜前206年）

戦国時代を終わらせたのは、「戦国七雄」のひとつ、秦でした。これまでにない広大な地域を統合した、「皇帝」の支配する中国が誕生しました。

## ■「皇帝」の誕生

「商鞅の変法」は、西方の後進的な「蛮夷」と見られていた秦を、強大な軍事国家へと成長させました。それまで「中原」とはときおり交流があっただけの巴蜀地方を征服すると、じょじょに南の楚や東の韓、魏、趙の領土を奪い、ついに紀元前221年、最後に残った斉を征服して、秦が天下を統一しました。

そのときの秦の王・嬴政（前259〜前210）は、それまでの「王」をこえる新しい君主の称号として、「皇帝」という称号をつくりました。彼が中国史上最初の皇帝、始皇帝です。周王朝が東遷して以来、500年以上続いた抗争の時代を終結させ、過去の王たちもおよばない広大な地域を政治的に統合した偉業に対する自信が、この称号にあらわれています。皇帝の住む首都・咸陽（現・陝西省咸陽市）には、壮麗な宮殿などの建物群が整備され、また始皇帝は征服した地方を大規模な行列とともに自らめぐり、人びとに皇帝の偉大さを見せつけました。

秦が統合した地域は、華北と華中の全土を中心に、内蒙古や華南にまでおよびました。この秦の版図は、中国の皇帝が統治する新しい「華（夏）」の範囲として記憶されます。

### もっとくわしく
#### 秦と漢の「長城」

始皇帝が「万里の長城」を築いたことは有名である。しかし、現在北京市の郊外に残っているレンガ造りの「長城」は、明代（14〜17世紀）に修築されたもので、秦代の「長城」は甘粛省東南部などにわずかに残っている。中国では古くから、防壁のことを「城」とよんだ。戦国時代、各国はそれぞれの境界地帯に長距離にわたって土や石で「城」を築いて敵を防いだ。始皇帝はこうした「長城」のうち、北方辺境地域にあるものを残し、足りない部分をつくり、匈奴（➡P25）などへの備えとした。

秦の次の王朝・漢（➡P24）は、匈奴から河西地域（現在の甘粛省西部と内モンゴル自治区西部）を奪うと、農耕に適したオアシスが点在し、西域へと続くその土地に「長城」を築いた。匈奴の動向をうかがい、オアシスに移りすんだ人びとを守るためである。漢の「長城」の遺跡は甘粛省西部の砂漠地帯のところどころに残っていて、そこを守っていた人びとの日々を記録した文書が砂のなかから発見されている。

**用語解説**

商鞅の変法：秦の政治家・商鞅がおこなった一連の改革。法律を定め、公族から庶民までを対象に、戦争での功績の報賞として身分をあたえる制度や、近所どうしで組をつくりたがいに監視させる犯罪防止制度などをつくり、信賞必罰を基本とする統治を徹底した。

巴蜀：現在の四川省東部の四川盆地にあたる地域。「巴」は現在の重慶、「蜀」は成都をそれぞれ中心とする地域で、あわせて「巴蜀」とよばれた。山やまにかこまれ、気候にめぐまれた豊かな土地で、歴史のなかで何度か独立した文化や政権ができた。

## 「郡県」制

広大な地域に対して、中央に権限を集中させて統治する制度が、「郡県」制です。秦は中国を統一する以前から、新しい領土を手に入れるごとに、そこにあった「邑」を区画しなおして「県」とし、さらに複数の「県」を統轄する「郡」を置いていました。統一とともに、この方式を支配地域の全体で施行し、「郡」を通じて都の咸陽に情報を集約することで、すべての「県」に住む膨大な数の人びとの労働力と税を管理する行政制度が整いました。

人びとは、どの地方に住んでいても、それぞれの生業を営みながら、同じ法律に従い、年齢を基準として一定量の税をおさめ、皇帝と官僚が計画する公共事業のために働きました。「県」の役人たちは、法律で定められた手続きに従い、住民の家族構成や年齢を帳簿につけて把握するだけでなく、税を徴収して運び、事件の捜査や裁判もおこない、すべて定期的に「郡」に報告することを義務づけられていました。無数の下級の役人たちの仕事が、秦王朝の支配を支えていました。

始皇帝の陵園の内外に埋められていた「文官俑」。武装した兵士や軍馬をかたどった「兵馬俑」とちがい、ゆったりとした服を身につけているので、行政をになう官僚（文官）をかたどっていると考えられる。
写真：ユニフォトプレス

## 文字の統一

こうした行政制度を運営するうえで非常に重要だったのが、文書による情報の伝達です。もし地方によって文字が異なっていたら、情報の伝達や集約にたいへん不便です。そこで始皇帝は、文字の統一を実施しました。

始皇帝は、当時の秦でつかわれていた文字を標準として定め、全国の役人に周知させました。その標準となった文字の書体は、現在の篆書や隷書にあたります。秦の文字が行政文書でつかわれるようになると、行政に関係する人びとのあいだで学習されて社会に広まり、秦以外の地方の文字は次第にすたれていきました。秦の文字は、次の漢（→P24）に受けつがれて完全に定着し、「漢字」とよばれるようになりました。

### もっとくわしく

#### 漢字の変化

殷の時代に「甲骨文（文字）」としてあらわれた漢字は、神との交信を記録する神聖なもので、ごくかぎられた人間しかあつかうことができなかった。周の時代、漢字の字形や役割は変化し、王や諸侯の言葉を青銅器に入れるようになった。これを「金文」という。しかし、漢字の知識はまだ特殊な、かぎられた家系の人びとだけが伝承するものだった。

春秋時代になると、そうした人びとが周の王のもとから地方の諸侯のもとへと離散し、各地で漢字を伝えた。その結果、数百年たつうちに、各地方で漢字の字形や意味、音が少しずつ異なるようになった。同時に、漢字は神聖なものから、実用的な伝達の手段に変わっていった。

甲骨文字 → 金文 → 篆書（大篆）→ 小篆 → 隷書 → 楷書

当初は複雑なかたちだった漢字は、時代が進むにつれて簡略化されていった。

---

篆書：「大篆」と「小篆」の2種類があり、始皇帝のときに大篆を簡略化して小篆をつくったといわれるが、実際には統一以前から行政文書に小篆や、それをさらに簡略化した隷書が用いられていた。現在は、印鑑に用いられることがある。

隷書：秦の統一によって行政文書の量が増えたため、役人のあいだではやく書けるように篆書をくずした隷書が普及したという。漢代には、行政文書は隷書と、隷書をさらにくずした草書で書かれ、末期には隷書から「模範となる書体」として楷書が生まれた。

前漢の第7代武帝の陵墓「茂陵」（陝西省興平市）。茂陵は前漢の皇帝の陵墓のなかでもっとも大きく、現在は有名な観光地となっている。
写真：ユニフォトプレス

# 11 前漢王朝
（紀元前206年～紀元8年）

秦のあとに成立した漢王朝は、秦の遺産を受けつぎ、皇帝を頂点とする政治制度をはぐくみました。

## 秦の滅亡と漢の建国

始皇帝が死去してまもなく、秦に征服された各地で反乱があいつぎ、秦の統一は崩壊しました。反乱の各勢力を率いたのは、楚の項羽（前232～前202）でした。彼は周の「封建」制度（➡P13）を見習い、秦の都・咸陽を滅ぼしたあと、各勢力のリーダーや功績を立てた将軍などを各地の王にすえました。漢という地方の王となった劉邦（前256～前195）は、項羽に従わない勢力を集めて項羽を滅ぼし、漢王朝の皇帝となりました（紀元前201年）。紀元8年に王莽によって滅ぼされるまでを前漢、25年に光武帝によって再興され、220年に滅亡するまでを後漢とよんで区別します。

劉邦は、陝西盆地から西については、漢王朝の直轄地として「郡県」制をしく一方で、東の黄河や長江の流域には、自分の一族の子弟を王とする王国を置きました。皇帝の直轄地の「郡」と王の「国」とが並立している制度を、「郡国」制といいます。このようなかたちになったのは、秦の統一がすぐに崩壊してしまった原因のひとつに、中央の強圧的な統治に対する地方の反感があったためです。これを反省して、王たちに地方の統治をまかせ、漢の皇帝は盟主としてそれをゆるやかにまとめました。その後100年以上をかけて、漢王朝は王たちの権限や領土を少しずつ削減していき、「郡国」制は、秦の「郡県」制とほぼ変わらない制度になりました。また、漢は秦から法律を中心とする行政制度の多くを引きつぎました。

### もっとくわしく
#### 項羽と劉邦

協力して秦を滅ぼし、やがて敵対して天下の覇権を争った項羽と劉邦は、非常に対照的な人物だった。項羽は戦国七雄のひとつ楚の名家の出身で、始皇帝の行列を間近に見て「地位を奪ってやる」と息巻いた。一方の劉邦は楚の北部地方の農家出身で、秦の下級役人をつとめ、同じように始皇帝の行列を見たとき「あのようになりたいものだ」とため息をついたという。秦に対する反乱のなかで2人が出会ったとき、項羽は24歳、劉邦は48歳で、親子ほどの年齢差があった。戦い方も、項羽は血気さかんに正面から強敵にいどみ、劉邦は敵を避け手薄なところをかしこく突くというように正反対だったが、最初に秦の都の咸陽に到達したのは劉邦だった。このことが2人が敵対するきっかけとなり、その後6年におよぶ争いの結果、勇猛でも他人を受けいれることのできない項羽は敗れ、ふところが深く人びとをひきつけた劉邦が勝利した。

こうした2人の対照的な人格や、その戦いのなかで生まれた「鴻門の会」や「四面楚歌」といったエピソードは、漢代の歴史書『史記』に生き生きと書きのこされた。彼らの物語は、現在にいたるまで、中国だけでなく日本の人びとにも愛され、読みつがれている。

### 用語解説

漢：「漢中」ともいい、現在の陝西省西南部、漢水という川の上流地域をさす。劉邦は漢王として、「漢中」と隣接する巴蜀（➡P22）とをあわせた地域の王に封建された。劉邦が漢王となった紀元前206年を、漢王朝のはじまりとする。

『史記』：紀元前100年ごろ、漢王朝の官僚だった司馬遷が編纂した歴史書。神話の時代から漢の武帝の治世まで、当時存在したさまざまな史料にもとづき、全130巻にまとめた。中国古代の歴史を知るうえで重要な史料であり、文学作品としての評価も高い。

## 「華」の周縁部の征服

秦の始皇帝が天下を統一したころ、その版図の周縁部には、生業や習俗の異なる人びとがいました。北の内蒙古には「胡」（遊牧騎馬民族）が、華南には「越」と総称される人びとが、それぞれ小さな集団に分かれてくらしていました。彼らは中国の皇帝の統治する「華」の周縁にいて、ときに「華」と敵対する「夷狄（異民族）」と見られました。

劉邦が漢王朝の皇帝となったころ、「胡」の一部の「匈奴」（➡第二期2巻P10）とよばれた人びとが王（単于）のもとに政治的にまとまり、強大な軍事力を誇る集団へと成長していました。匈奴は漢の北方辺境をおびやかし、漢は不利な講和条約を結んでしのいでいました。一方、華南の「越」は、もとの秦の役人を王とする南越王国などの国ぐにをつくっていました。「越」の国ぐにと漢とは、使者を送ったり通商したりするなどの関係を結びました。

漢の第7代の武帝（前156〜前87）のとき、国力をたくわえた漢は匈奴に対して戦争を起こし、匈奴の勢力を北方に後退させることに成功しました。匈奴の一部の人びとが漢に協力し、漢の土地でくらすようになっていたことが、勝因のひとつです。

また、武帝は「越」の国ぐにの内紛に乗じて遠征軍を送り、華中南部や華南を征服して「県」や「郡」を置きました。そして、朝鮮半島の北部も征服したほか、西南（現・雲南省）や西北（現・甘粛省西部、新疆）への進出も計画しました。

周縁部の「夷狄」と戦い屈服させていくなかで、漢王朝の皇帝の威光はますます高まると同時に、皇帝が統治する「華」の地域にくらす人びとの文化的な一体感と、「夷狄」に対する差別意識も強くなっていったのです。

## 武帝の栄華

匈奴を北方に後退させたことで、漢は中央アジア（西域）へとつながる交通路に進出することができました。中国から中央アジアを通ってヨーロッパにまで到達する「シルクロード」の通商活動に漢が参加するようになり、西域の国ぐにの使者がやってきて、めずらしい物産や音楽・芸能などをもたらしました。武帝はこれらをたいへん気に入り、使者たちを引きつれて東の地域をめぐり、漢の広さや豊かさ、すぐれた文化を見せつけたといいます。

武帝が「華」の周縁部に支配を広げたことにより、漢王朝の支配する範囲には、伝統的な「華」の文化だけでなく、北方の胡系や南方の越系の文化、新しい西方の文化が林立し、その粋が皇帝のもとに集められました。この武帝の時代に、最高の「華」の文化の保護者であるとともに、その他の多様な文化をも受けいれる中国の皇帝のイメージがつくられたといえます。しかし、そうした栄華の裏で、建国以来の貯蓄をつかいはたし、王朝は財政難におちいりました。戦争など、皇帝の偉大さを示すさまざまな事業を続けるための負担が、庶民にのしかかりました。

陝西省西安市で出土したラクダ像。中央アジアの砂漠地帯から漢にやってきた人びとに関係する遺物ではないかと考えられている。

写真：ユニフォトプレス

南越王国の第2代国王・文帝の墓（広東省広州市）から出土した金印。「文帝行璽（文帝の印）」と刻まれている。南越王国は一時、漢の皇帝と同等の「帝」号を用いていた。　（左）写真：ユニフォトプレス

---

越：長江流域以南から華南、インドシナ半島にかけて広く分布した人びと、集団の総称。非常に多くの種族と居住地とがあり、文化や言語も多様で、「百越」ともよばれる。また、そのうちの一派は、春秋戦国時代に「越」（➡P17）を建国したといわれる。

シルクロード：ユーラシア大陸を横断する通商路。中国側の輸出物の代表が絹（シルク）だったことから、近代ヨーロッパの歴史学者によって名づけられた。実際には1本の道ではなく、複数のルートがあった。遊牧民によって古くからひらかれていた。

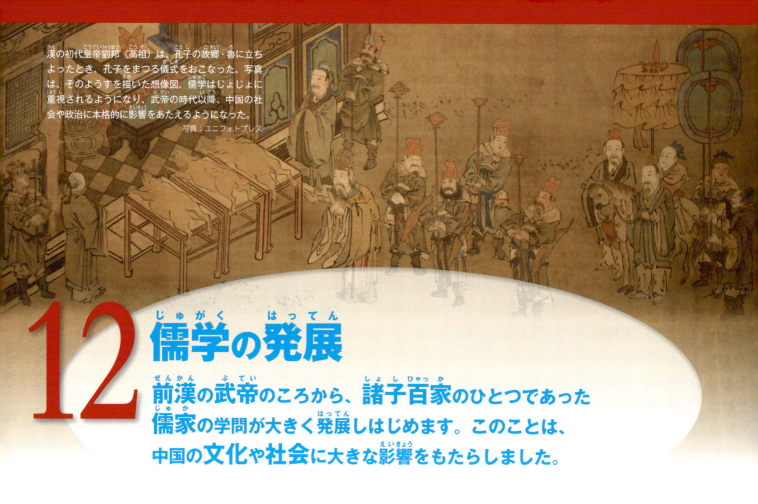

漢の初代皇帝劉邦（高祖）は、孔子の故郷・魯に立ちよったとき、孔子をまつる儀式をおこなった。写真は、そのようすを描いた想像図。儒学はじょじょに重視されるようになり、武帝の時代以降、中国の社会や政治に本格的に影響をあたえるようになった。
写真：ユニフォトプレス

# 12 儒学の発展

前漢の武帝のころから、諸子百家のひとつであった儒家の学問が大きく発展しはじめます。このことは、中国の文化や社会に大きな影響をもたらしました。

## ■始皇帝の「焚書坑儒」

春秋時代の終わりごろ、孔子は、過去の人びとのつくった詩歌や王たちの記録を集めた「詩書」（のちの『詩経』と『書経』）を重視し、そこから正しい政治や社会のあり方を読みとく儒学の基礎を築きました。

戦国時代の儒家の諸子は、君主たちに、「詩書」に記された過去の理想的な社会やすぐれた王たちの政治を「先王の道」として、現実の政治の手本とするよう提言しましたが、国力を増強する特効薬ではなかったので、なかなか実践されませんでした。しかし、儒家が伝える「詩書」の知識は、教養として人びとに受けいれられました。

天下を統一した秦は、法家の影響を強く受けた、法律にもとづく政治をおこないました。政治顧問として始皇帝のまわりにいた儒家たちは、「先王の道」を手本としない政治を批判しました。これに対し始皇帝は、批判した儒家を処刑し、民間にある「詩書」のテキストを没収し、それを教えることを禁止しました。「詩書」の知識を得た人びとから批判されることをきらったためです。これが「焚書坑儒」とよばれる事件です。

のちの時代に描かれた焚書坑儒の想像図。「焚書」は書物を焼くこと、「坑儒」は儒家を生き埋めにすることを意味する。

### 用語解説

**公孫弘**（前200〜前121）：武帝につかえた官僚、儒学者。魯に近い薛県の貧しい家の出身で、40歳をすぎてから「春秋」を学んだ。中央政界に入り、官僚の最高位である丞相（宰相）にまでのぼりつめた。家柄や軍功ではなく、儒学によって出世した最初の人物である。紀元前124年に、都の学校で儒学者（博士）が経書の教育をおこない、成績優秀な学生（弟子）を役人にとりたてる「博士弟子員」制度を創設した。

## 武帝期の変化とその影響

秦が滅び漢がおこっても、法律を重視する政治は続きました。戦乱のあとで社会がまだ不安定な状況にあったため、新しいことをするよりも、それまでのやり方を継続して人びとが自然に落ちつくのを待つ道家（→P21）の考え方が、影響力をもちました。儒家は政治顧問として皇帝のまわりにいましたが、その活動は、宮中でおこなう儀礼の策定などにとどまりました。

建国から50年以上たって武帝の時代になると、社会もようやく落ちつき、経済的にも余裕が出てきました。武帝は、政治を新しくするにあたって儒家の主張を取りいれていく姿勢を示し、それにこたえた公孫弘や董仲舒といった儒家の意見が、政策や制度に反映されるようになりました。その成果のひとつとして、「詩書」をはじめとした儒学を習得し、儒家の重んじる道徳を実践する役人が採用されるようになりました。

当時、役人になって出世することは、人びとの尊敬を集め、社会的に成功する道筋でした。新しい採用制度がはじまると、儒学を勉強して役人になろうとする人が次第に増え、儒学やそのなかで説かれる道徳が世の中に広まっていきました。それとともに、儒学の内容も多様になっていきます。

## 儒学の整備と浸透

戦国時代末期の儒家・荀子は、儒学の内容を5つのジャンルに分けました。「詩」（のちの『詩経』）と「書」（のちの『書経』）のほか、「礼」（儀礼の作法やその意味）、「楽」（儀礼の音楽）、「春秋」（春秋時代の魯の国の年代記）の5つです。このうち、楽器の演奏などの実技を中身とする「楽」は学問として発展せず、そののち代わりに「易」（占いの解説）が加わります。これが、「五経」とよばれる儒学の五大ジャンルです。

荀子ののち、弟子たちがジャンルごとにテキストの読み方や解釈を伝承し、漢の時代の儒学の源となりました。公立の学校や私立の塾で、先生からテキストの読み方や解釈を学び、「先王の道」といわれる正しい政治や道徳について考える、儒学の基本的なスタイルがかたちづくられました。

武帝の時代以降、こうして儒学を習得した人びとが高位の官僚として政治をおこなうことが多くなり、皇帝もまた儒学を学びました。秦以来の法律はあいかわらず行政のうえで重要でしたが、「五経」のテキストに書かれていることを政策に応用したり、儒学の説く道徳を一般の人びとに奨励したりするなど、政治と社会の全体が儒学と深く結びついていったのです。

● 「五経」とその内容

| 五経（ジャンル） | 内容 |
| --- | --- |
| 「詩」 | 周～春秋時代の詩歌集「詩」から、古い習俗や人情、政治への批判を読みとる分野。「詩」の内容は、恋愛、神への賛歌、生活の悲哀などを題材とする民間歌謡や、周王朝の祭礼に用いられた歌舞曲、先王をたたえる詩など。 |
| 「書」 | 堯・舜という伝説の帝王や、夏・殷・周王朝、また春秋時代までの王たちの詔令や訓戒を集めた「書」から、支配者のあり方や理想の統治について考える分野。 |
| 「易」 | 筮竹（細い竹の棒の束）を用いた占い「易」の原理や、占いの結果の解釈をもととして、世界を動かす自然の原理や、それに応じた人間のあり方について考える分野。 |
| 「礼」 | 儀礼の作法や人間関係の決まり事、そのもとにある道徳「礼」について、どのような意味があり、どのように実践するのかを考える分野。漢代には、テキストとして『儀礼』『礼記』『周礼』が登場した。 |
| 「春秋」 | 春秋時代の魯の国の年代記『春秋』から、政治や社会秩序、君主と臣下の倫理などを学ぶ分野。漢代には、『春秋』の文章の理解のしかたやテキストのちがいをもとに系統が分かれ、『春秋公羊伝』『春秋穀梁伝』『春秋左氏伝』という3系統の注釈書があらわれた。 |

5つのジャンルそれぞれに複数のテキストが存在し、読み方や解釈が伝承されていった。

董仲舒（前176?～前104?）：武帝の時代の官僚、儒学者。武帝が即位してまもないころ、地域社会で「孝」（孝行）や「廉」（清廉潔白）といった儒学で重視される道徳を実践している者を中央政界に推薦する「孝廉科」制度の創設を提言。その功績などによって諸侯王国の宰相を歴任し、引退後は儒学の研究に専念した。董仲舒は『春秋』を専門に研究し、君主のおこないを天が監視していて、悪いおこないがあれば異常な自然現象（災異）を起こしていましめるという「災異説」をとなえた（→P28）。

陝西省西安市の西北にある漢長安城遺跡から発見された玉製の板の一部。王莽が、「封禅」という祭典をおこなうために作成したものと見られる。「封禅」は武帝や光武帝もおこなった、王朝の繁栄を願う盛大な祭典である。
写真：ユニフォトプレス

# 13 前漢の滅亡と後漢の成立
（紀元8年～25年）

200年続いた前漢王朝は、王莽の手によっていったん滅亡します。その背景には、前漢王朝のもとで成長した儒学の影響がありました。

## 王莽の簒奪

　前漢第11代の成帝のころから、あとつぎが生まれなかったり、皇帝自身が病弱だったり、自然災害がよく起こるなど、王朝や世の中の先行きに対する不安が高まりました。儒学には、権力者の言動や政治に落ち度があった場合、天は自然災害などを発生させて警告するという考え方がありました。これをもとに、自然災害やふしぎな現象を解釈して将来のできごとを予言する「讖緯」思想が生まれ、儒学の一部として影響力をもちました。当時、社会不安に便乗して、あやしげな予言書があちこちにあらわれました。

　王莽（前45～紀元23）は、皇后の一族（外戚）として政治にたずさわり、幼い皇帝のもとで実質的な最高権力者にのぼりつめました。そして、天や祖先をまつる儀礼を儒学の学説にそったものに改めるなどの儀礼制度改革を実行し、「讖緯」の予言を根拠に、天に命じられたとして皇帝の位につきました（紀元8年）。官僚など儒学を学んだ多くの人が、彼を支持したのです。

　「新」という王朝の皇帝となった王莽は、極端な行政改革や経済政策を断行し、儒学の理想を政治制度としてかたちにしようとしました。しかし、その多くは行政の現場や社会を混乱させ、人びとは次第に不満をつのらせました。

王莽は4回にわたって貨幣改革をおこない、金属のほか、亀甲や貝を素材とする合計30種類近い貨幣を発行した。たいへん複雑でつかい勝手も悪く、人びとを混乱させた。
写真：ユニフォトプレス

### 用語解説

讖緯：前漢末期ごろから流行した、予言を中心とする神秘的なことがらを記したものの総称。「讖」は「図讖」ともいい、予言が多く、天から権力者へのメッセージとして解釈された。「緯」は「緯書」ともいい、儒学の経書を理解しやすくするために、孔子がつくったものと信じられていた。讖の多くは緯書に収録されている。経書を新しく神秘的に解釈しようとする考え方が「讖緯」思想であり、後漢時代には儒学の重要な一分野となった。

## 光武帝の登場

やがて、王莽の政治に不満や限界を感じた人びとが、あちこちで反乱を起こしました。多くの反乱勢力が、漢王朝を復活させることをかかげて世の中の支持を得ようとしました。前漢王朝の皇族である劉氏の子孫の多くも各地の反乱に加わりましたが、そのひとりが劉秀（前6～紀元57）です。

王莽が長安で殺され新王朝が滅亡し、反乱勢力が劉玄（更始帝）を立てて皇帝とすると、劉秀はその勢力から独立し、自分も皇帝に即位しました（25年）。これが後漢の光武帝です。このとき、自分が特別であることを示すために彼が利用したのもまた、「讖緯」の予言でした。

光武帝はかつて周王朝の都だった洛陽（洛邑・成周）を都とし、周囲の地方を平定しながら、前漢王朝の官僚や地方長官などを集めて、たしかな統治の基盤をつくりました。光武帝自身や彼を支持した人びとはみな儒学の学識が豊かで、社会全体にも儒学やその価値観がかなり浸透していました。そこで光武帝は、王莽のつくった儒学にもとづく儀礼制度を受けつぎ、法律や「郡国」制などの前漢王朝の行政制度と組みあわせました。

儒学にもとづく儀礼制度と、法家の考え方にもとづいてつくられ洗練されてきた行政制度とを融合した政治制度が、このときできあがりました。これが、皇帝の君臨する中国の政治制度の原点、模範として、のちの歴代王朝に影響をあたえることになります。

## 社会の変化

戦国時代以来、「県」にくらす一般の人びとの大多数は農民でした。漢代には、「県」の下の区画に「郷」と「里」があり、その空間が、人びとが日常生活をおくる「まち」にあたります。「まち」にくらす人びとはそれぞれ耕作地をもって家族で農業を営み、農産物などを税としておさめ、公共事業で働き、成年男性は一定の期間兵隊となりました。人びとのあいだには、豊かな人（大家）、中間層（中家）、比較的貧しい人（貧家）といった格差がありましたが、中家と貧家が大部分を占めていました。国力は彼らの労働力や税にかかっているので、彼らがくらしていけるように配慮する政治がもとめられました。

しかし、前漢の武帝の時代、多くの国力を戦争や土木事業などに費やし、費用をまかなうために税を増やしたことは、中家や貧家の生活に打撃をあたえました。税をおさめられなくなった人が耕作地をすてて「まち」から逃げだしたり、大家にやとわれて奴隷に近い状態になったりしたのです。大家のなかには、落ちぶれた人びとの労働力や耕作地を自分のものにしてより豊かになり、「まち」の実質的な支配者になる者もいました。

苦しい状況に置かれた人びとを救済しようとする政策もしばしば実施されましたが、前漢王朝の後半期から後漢王朝の時代に、こうした状況がじょじょに深刻化していきました。やがて王朝は、落ちぶれていく中小の農民よりも、新興の有力者たちへの対応に、政策の中心を移していきます。

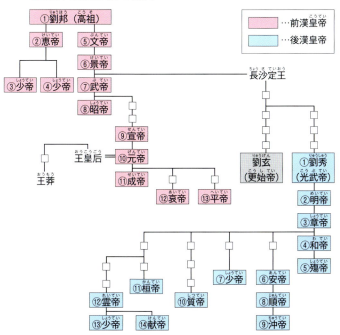

●前漢・後漢王朝の系図

劉玄（更始帝）（？～25）：武帝の兄・長沙定王劉発を祖先とする劉氏一族のひとりで、光武帝もその一族である。王莽の治世末期に反乱勢力に推戴されて皇帝となり、「更始」という年号を用いた。山東半島で誕生した「赤眉」という大規模武装集団を従え、王莽が殺されたあとに都の長安（現・陝西省西安市）に入ったが、配下の人びとを統制することができなかった。光武帝が独立し皇帝となった直後、「赤眉」集団に位を奪われ、殺された。

もっと知りたい！

# 漢の時代の人びとの生活

人びとの生活は、歴史書の記述だけでなく、当時の墓のなかに描かれた壁画やレリーフ、墓のなかにおさめられていた道具類から知ることができます。

## 食生活

地方によって少しずつ異なりますが、人びとの主食は、アワやキビ、イネ、オオムギなどの穀物です。「甑」という器具をつかって、穀物を粒のまま水蒸気で蒸したのが、いわゆる「ごはん」です。蒸した「ごはん」をいったん干して水分を抜いておき、必要なときに水でもどして食べる、インスタント食品のような食べ方もありました。また、穀物の粉を水でねってまとめ、蒸してもちやだんごのようにすることもありました。

ウシやヒツジ、ブタ、トリ、シカなどの肉も食べていました。刺身のように生で食べたり、焼いてタレをつけて食べたり、野菜といっしょにスープにしたりするのが一般的だったようです。火であぶって乾燥させて、ショウガやサンショウなどの香辛料をまぶしたり、酢や麹などにつけこんだりすると、保存することもできました。こうした肉類は、季節の行事やまつりのときの宴会などのごちそうとなりました。また、魚も干物にしたりして食べていました。

野菜は、ゆがいたり、スープに入れたり、薬味にしたりし、果物はそのままで食べたり、ドライフルーツにしたりと、現代とあまり変わらないような食べ方がすでにはじまっていました。ただし、炒めたり揚げたりする調理方法はまだありませんでした。

漢代の庖厨（台所）のようすを描いた「庖厨図」（石に彫られた絵を書きおこしたもの）。宴会の準備のために働く料理人たちの姿が、食材や調理器具とともに描かれている。囲みの部分が、甑で穀物を蒸しているようす。
出典：諸城県博物館・任日新「山東諸城漢墓画像石」（『文物』1981年第10期）

後漢時代の有力者の墓に残された、宴会のようすの壁画（復元されたもの）。食事を楽しむ人、楽器を演奏する人、踊る人などが描かれている。
写真：ユニフォトプレス

**用語解説**

甑：穀物を蒸す調理器具。陶製や金属製のものが見つかっている。口が大きく開いた、深めの鉢のような形をしているが、底の部分にザル状に穴があいているのが特徴。穀物を入れた甑を、かまどのくぼみにはめた釜の上にのせる。釜には水が入れてあるので、かまどの火で炊くことで沸騰し、発生した水蒸気が、ザル状の穴を通って穀物を蒸す。かまどに甑と釜をセットした状態のミニチュアが、漢代の墓からよく出てくる。

陝西省西安市で発見された、前漢末期の墓の壁画。耳や肩から羽のようなものが出たこの人物は、人間ではなく、「羽人」とよばれる神仙の一種。不老長寿であり、また天と地のあいだを自由にゆきかう羽人は、漢代の人びとのあこがれだった。

出典：西安市文物保護考古所「西安理工大学西漢壁画墓発掘簡報」(『文物』2006年第5期)

## 娯楽

有力な人びとが開催する宴会では、酒やごちそうがふるまわれたほか、音楽や芸能などのショーがおこなわれ、集まった人びとを楽しませました。楽団や歌手、ダンサーやマジシャンをたくさん召しかかえ、宴会を開いて多くの人びとに見せることは、富と勢力の象徴だったのです。また、武帝が開催した角抵戯（レスリング）の大会に、近隣の多くの庶民が観覧しにやってきたという記録もあります。

都会では、闘鶏やドッグレースなど、動物を競わせるかけ事もおこなわれていたようです。ボードゲーム「六博」も、そうしたギャンブルの要素をもつ遊びのひとつに数えられます。「六博」は、線で区画した盤の上でコマの進み方を競うすごろくに似たゲームで、道具の一式が墓から出土することもあります。遊び方にはまだわからない点もありますが、漢の時代を中心に数百年間、皇帝から庶民まで、幅広い人びとに楽しまれたゲームでした。

「六博」の盤に記された線の区画は、じつは宇宙のかたちをあらわしています。中央にある大地から出発して天にのぼっていくルートがあり、ゲームはそれをたどるようです。「六博」は、当時の人が考える宇宙のかたちや、やがて天にのぼっていきたいという願いを反映するものといえます。

「六博」の道具。漆ぬりの木製で、コマ（棋）や棒、サイコロなどがおさめられている。右は、ゲーム盤の表面の図柄を書きおこしたもの。中央の正方形が大地をあらわし、そのまわりに天を支える柱などが描かれている。　出典：湖南省博物館・湖南省文物考古研究所『長沙馬王堆二・三号漢墓』(文物出版社、2004年)

角抵戯：男性が組になって力を競いあう競技の一種。日本のすもうに似ているが、素手で戦うほか、武器を用いることもある。軍事演習の一環としておこなわれていたものがやがて娯楽となり、宴会での出し物に発展していったとされる。もっとも古い記録として、『史記』に秦の始皇帝の息子である二世皇帝が競技を観覧したことが書かれている。

# この本に出てくる地名地図

### ①殷と周（西周）（➡P10、12）

### ②春秋時代（➡P16）のおもな国ぐに

### ③戦国時代（➡P18）

### ④秦（➡P22）

### ⑤漢（前漢、➡P24）

### ⑥漢（後漢、➡P29）

出典：亀井高孝等編『増補版 標準世界史地図』（吉川弘文館、2016年）所載図を元に作成

# 紀元前から中国ができるまでの年表

| 年 | できごと |
| --- | --- |
| 紀元前5000年代 | 中国の気候・風土と生業の異なる各地方で、独自の文化が誕生する（➡P4）。 |
| 紀元前3000年ごろ | 地域社会で有力者が登場し、身分の序列化が起こる。また、集落間でも階層化が起こる（➡P6、7）。 |
| 紀元前2000年代 | 各地方どうしで、政治、経済、文化面でゆるやかな交流がもたれる（➡P5）。 |
| 紀元前2000年ごろ | 黄河中流域「中原」で二里頭文化が発展する（➡P8）。 |
| 紀元前1600年ごろ | 「中原」を殷王朝が支配するようになる（➡P10）。 |
| 紀元前1000年ごろ | 周が殷を滅ぼし、「中原」に進出してあらたな王朝を築く（➡P12）。 |
| 紀元前750年ごろ | 周王朝が都を洛邑に移す（東遷）。これ以降の時代を「春秋時代」とよぶ（➡P16）。斉や晋など、周王朝を尊重する勢力と、新興勢力の楚、呉、越、秦が対立する（➡P17）。 |
| 紀元前450年ごろ | 晋が韓、魏、趙に分裂する。この3つと、楚、秦、斉、燕の計7つの諸侯が「戦国七雄」として、覇権を争うようになる（戦国時代、➡P18）。春秋時代末期から戦国時代にかけて、「諸子百家」とよばれるさまざまな思想家たちが活動する（➡P20）。 |
| 紀元前350年ごろ | 秦で「商鞅の変法」実施。これをきっかけに秦が強国となる（➡P22）。 |
| 紀元前221年 | 他の諸侯を破っていった秦の嬴政が天下を統一し、始皇帝として即位する（➡P22）。中央に権限を集中させる「郡県」制や、文字の統一などを実施する（➡P23）。 |
| 紀元前213年〜前212年 | 儒学を弾圧する「焚書坑儒」事件が起こる（➡P26）。 |
| 紀元前210年 | 始皇帝死去。 |
| 紀元前206年 | 秦が滅亡。劉邦が漢王となる。秦への反乱勢力の中心だった項羽と劉邦の争いがはじまる（➡P24）。 |
| 紀元前201年 | 項羽を破った劉邦が漢王朝の皇帝となる（前漢）（➡P24）。 |
| 紀元前141年〜前87年 | 第7代皇帝の武帝のころ、前漢の最盛期をむかえる（➡P25）。また、儒学が重視されるようになり、中国社会に大きな影響をあたえる（➡P27）。歴史書『史記』が書かれる（➡P24）。 |
| 紀元8年 | 王莽が前漢から帝位を奪い、新王朝を設立。前漢が滅亡する（➡P28）。 |
| 紀元23年 | 王莽が殺され、新王朝が滅亡する。前漢王朝の皇族・劉氏の子孫の1人である劉玄が皇帝に即位(更始帝)（➡P29）。 |
| 紀元25年 | 劉氏の子孫の1人・劉秀が即位し(光武帝)、漢王朝を再興する（後漢）（➡P29）。 |

# ことがらさくいん

## あ行

夷 …………………… 13, 14, 16, 17
殷 …………………… 8, 9, 10, 11, 12,
　　　　　　　　13, 16, 23, 27, 32, 33
殷墟 ………………………… 10, 32
殷周革命 …………………… 12, 13
羽人 …………………………… 31
越（国）………………… 17, 25, 32, 33
越（民族）……………………… 25
燕 ……………………… 18, 19, 32, 33

## か行

夏（王朝）…………………… 9, 27
華（夏）…………… 4, 8, 16, 17, 22, 25
楷書 …………………………… 23
蓋天説 ………………………… 21
核家族 ………………………… 6, 19
拡大家族 ……………………… 6
角抵戯 ………………………… 31
何尊 …………………………… 12
韓 ………………… 16, 18, 22, 32, 33
漢（王朝）……… 22, 23, 24, 25, 26,
　　　　　　　27, 29, 30, 31, 32, 33
漢字 ……………………… 11, 23
魏 ………………… 16, 18, 21, 22, 32, 33
郷 …………………………… 19, 29
匈奴 ………………………… 22, 25
玉 ……………………………… 5, 7
金文 …………………………… 23
郡 ……………………… 19, 23, 25
郡県制（秦王朝、漢王朝の制度）
　　　　　　　　　　………… 23, 24, 33
郡県制度（春秋戦国時代の制度）… 19
郡国制 ……………………… 24, 29
卿 ………………… 14, 15, 18, 19, 20
県 ……………………… 19, 23, 25, 29
胡 ……………………………… 25
呉 ……………………… 17, 32, 33
公 …………………………… 15, 20
甲骨文（文字）…… 10, 11, 12, 23
皇帝 ……………… 22, 23, 24, 25,
　　　　　　　　27, 28, 29, 33
後漢 ……… 24, 28, 29, 30, 32, 33
五経 …………………………… 27
五行説 ………………………… 21
国 …………… 14, 15, 16, 18, 19, 20, 24
国人 ……………………… 14, 15, 18

## さ行

甑 ……………………………… 30

採集 ………………… 4, 5, 11, 14
士 ………………… 14, 15, 18, 20
『史記』 ……………… 9, 24, 31, 33
四方 ………………………… 12, 13
周 …………… 8, 11, 12, 13, 14, 15, 16,
　　　17, 18, 19, 22, 23, 24, 27, 32, 33
戎 ……………………… 13, 14, 17
集落 …………………… 5, 6, 7, 9, 33
儒家 ………………… 20, 21, 26, 27
儒学 ……………… 13, 15, 17, 26,
　　　　　　　　27, 28, 29, 33
首長 ……………………………… 6
狩猟 ………………… 4, 5, 13, 14
春秋時代 …… 14, 15, 16, 17, 18,
　　　　　　19, 20, 21, 23, 27, 32, 33
庶 ……………………………… 15
商 ……………………………… 11
商鞅の変法 ……………… 21, 22, 33
諸侯 ………… 13, 14, 15, 16, 17,
　　　　　　　　18, 19, 20, 23, 33
諸子百家 ………………… 20, 26, 33
シルクロード ………………… 25
晋 ………………… 16, 17, 18, 32, 33
秦 ……………… 16, 17, 18, 19, 21, 22,
　　　23, 24, 25, 26, 27, 31, 32, 33
新 …………………………… 28, 29, 33
讖緯 ……………………… 28, 29
斉 ………………… 16, 17, 18, 22, 32, 33
西周 ……………… 12, 13, 16, 17, 32
青銅器 ………… 9, 10, 11, 12, 13, 23
先王の道 …………………… 26, 27
前漢 ………………… 9, 24, 26, 28,
　　　　　　　　29, 31, 32, 33
戦国時代 …… 14, 16, 17, 18, 19,
　　　　　20, 21, 22, 27, 29, 32, 33
戦国七雄 … 18, 19, 22, 24, 32, 33
楚 …………………… 13, 16, 17, 18,
　　　　　　20, 21, 22, 24, 32, 33
曾 ……………………………… 16
草書 …………………………… 23

## た行

大夫 ……………………… 15, 19, 20
中央アジア ………………… 4, 25

## ち行

趙 ……………… 14, 16, 18, 19, 22, 32, 33
長城 ………………………… 18, 22
鄭 …………………………… 15, 32
狄 ……………………………… 13
天子 ………………………… 13
篆書 …………………………… 23
道家 ……………………… 20, 21, 27
東周 ……………………… 12, 32
東遷 ………………… 16, 17, 22, 33
土器 …………………………… 4, 5

## な行

南越王国 ……………………… 25
二里岡文化 ………………… 9, 10
二里頭文化 ……… 8, 9, 10, 15, 33
農業／農耕
　　　　…… 4, 5, 13, 14, 15, 16, 19

## は行

蛮 ……………………………… 13
万里の長城 ………………… 18, 22
副葬品 ………………………… 6, 7
文官俑 ………………………… 23
焚書坑儒 …………………… 26, 33
兵馬俑 ……………………… 22, 23
編鐘 …………………………… 16
法家 ……………………… 20, 21, 26, 29
封建 ……………… 12, 13, 14, 15,
　　　　　　　　16, 18, 19, 20, 24
封禅 …………………………… 28
牧畜 ………………………… 4, 17
墨家 ……………………… 20, 21

## や行

邑 … 10, 11, 12, 13, 14, 15, 19, 23
遊牧民 ………………… 4, 18, 19, 25
ユーラシア大陸 …………… 4, 25

## ら行

里 ……………………………… 29
六博 …………………………… 31
礼楽 …………………………… 15
隷書 …………………………… 23
魯 …………… 17, 20, 21, 26, 27, 32

# 地名さくいん

## あ行
渭河 ……………………………… 10, 13
偃師 ……………………………… 8, 9, 10

## か行
河西地域 ………………………… 22
華中 ……………………… 4, 5, 6, 8, 9,
　　　　　　　　　　　13, 14, 22, 25
華南 ………………………… 4, 9, 22, 25
華北 ……………………… 4, 5, 6, 8, 9,
　　　　　　　　　　　12, 13, 14, 22
漢（地域） ……………………… 24
邯鄲 ……………………………… 14, 18
咸陽 ………………… 18, 22, 23, 24, 32
曲阜 ……………………………… 20
黄河 ………………………… 4, 5, 7, 8, 9, 10,
　　　　　　　　　　11, 13, 18, 24, 32, 33
鎬京 ……………………………… 12, 13, 32
黄土高原 ………………………… 4
興平 ……………………………… 24

## さ行
西域 ……………………………… 22, 25, 32
山東半島 ………………………… 17, 29
淄博 ……………………………… 16

## た行
上海 ……………………………… 9
重慶 ……………………………… 22
秦嶺山脈 ………………………… 4
西安 ……………………… 9, 22, 28, 29, 31
成周➡洛邑
成都 ……………………………… 9, 22
西蔵 ……………………………… 4
西南 ……………………………… 4, 25
西北 ……………………………… 4, 25
陝西盆地 ……………… 12, 16, 17, 24
宗周➡豊京、鎬京

## た行
大興安嶺 ………………………… 4
太行山脈 ………………………… 4
大邑商 …………………………… 10, 32
チベット高原 …………………… 4
中原 ……………………… 8, 9, 10, 12, 13, 15,
　　　　　　　　　　　16, 17, 18, 22, 33
長安（現・西安） ……………… 29, 32
長江 ……………………… 4, 5, 8, 9, 10, 13,
　　　　　　　　　　　17, 18, 24, 25, 32
朝鮮半島 ………………………… 20, 25
鄭州 ……………………………… 8, 9, 10
東北 ……………………………… 4

## な行
内蒙古 …………………… 4, 5, 8, 9, 13, 22

## は行
巴蜀 ……………………………… 22, 24
ハノイ …………………………… 9
北京 ……………………………… 9, 19, 22
宝鶏 ……………………………… 12
豊京 ……………………………… 12, 13
香港 ……………………………… 9

## や行
揚子江➡長江

## ら行
洛河 ……………………………… 10, 13
洛邑（現・洛陽）
　　　　　　　　…… 12, 13, 16, 29, 33
洛陽 ……………………………… 8, 29, 32
呂梁山脈 ………………………… 4

## わ行
淮河 ……………………… 4, 10, 13, 18

# 人名さくいん

## あ行
嬴政➡始皇帝
王莽 ……………………… 24, 28, 29, 33

## か行
桓公 ……………………………… 17
韓非子 …………………………… 20
荊軻 ……………………………… 19
項羽 ……………………………… 24, 33
孔子 ……………………… 17, 20, 21, 26, 28
更始帝 …………………………… 29, 33
公孫弘 …………………………… 26, 27
光武帝 …………………………… 24, 29, 33
呉起 ……………………………… 20

## さ行
始皇帝 …………………… 17, 18, 19, 22, 23,
　　　　　　　　　　　24, 25, 26, 31, 33
子思 ……………………………… 20

## た行
司馬遷 …………………………… 24
子游 ……………………………… 20
周公 ……………………… 12, 13, 15, 17, 20
叔虞 ……………………………… 16
荀子 ……………………………… 20, 21, 27
商鞅 ……………………………… 20, 22
召公 ……………………………… 12, 13, 19
成王 ……………………… 12, 13, 16, 19
成帝 ……………………………… 28, 29
荘子 ……………………………… 20, 21
曾子 ……………………………… 20

## た行
太公望➡呂尚
紂王 ……………………………… 12
董仲舒 …………………………… 27

## は行
武王 ……………………… 12, 13, 19, 20

武帝 ……………… 24, 25, 26, 27, 29, 31, 33
文王 ……………………………… 12, 13, 15
文公 ……………………………… 17
文帝（南越王国） ……………… 25
墨子 ……………………………… 20

## ま行
孟子 ……………………………… 20, 21

## ら行
李悝 ……………………………… 20
劉玄➡更始帝
劉秀➡光武帝
劉邦 ……………………… 24, 25, 26, 29, 33
呂尚 ……………………………… 16
老子 ……………………………… 20, 21

■監修
**渡辺信一郎**（わたなべ しんいちろう）
1949年京都市生まれ。京都教育大学卒業、京都大学大学院博士課程東洋史学専攻単位修得退学（京都大学文学修士）。現在、京都府立大学名誉教授。著書に『中国古代社会論』（青木書店、1986年）、『中国古代国家の思想構造』（校倉書房、1994年）、『天空の玉座―中国古代帝国の朝政と儀礼』（柏書房、1996年）、『中国古代の王権と天下秩序』（校倉書房、2003年）、『魏書食貨志・隋書食貨志訳注』（汲古書院、2008年）、『中国古代の財政と国家』（汲古書院、2010年）、『中国古代の楽制と国家―日本雅楽の源流』（文理閣、2013年）ほか。

■著
**目黒杏子**（めぐろ きょうこ）
1977年神奈川県生まれ。京都府立大学大学院文学研究科博士課程単位取得の上退学後、博士（歴史学）の学位を取得。現職は、京都大学人文科学研究所特定助教。専門は、中国古代の王朝儀礼・国家祭祀制度の研究。

■編　集　こどもくらぶ（古川裕子）
■デザイン　吉澤光夫（装丁）、高橋博美（本文）
■企画・制作　株式会社エヌ・アンド・エス企画

この本の情報は、2017年10月までに調べたものです。
この本では、中国の人名・地名などは原則として「日本語読み・慣用読み」でふりがなをふっています。

■写真協力
（表紙上段、P4）© Chun Guo ¦ Dreamstime
（表紙下段上、P20）© Qin0377 ¦ Dreamstime
（表紙下段下、P22）© Efired ¦ Dreamstime
（表紙下段左、P10）ユニフォトプレス
（表紙下段右、P4）© Bjmcse ¦ Dreamstime
※上記以外の写真そばに記載のないものは、フリー画像など。

■おもな参考図書
『東アジア世界の形成Ⅰ』（岩波講座「世界歴史」4）岩波書店、1970年
『中華の形成と東方世界』（岩波講座「世界歴史」3）岩波書店、1998年
竺沙雅章監修、永田英正編『アジアの歴史と文化1　中国史―古代』同朋舎出版、1994年
松丸道雄、池田温、斯波義信、神田信夫、濱下武志編『世界歴史大系　中国史1―先史～後漢』山川出版社、2003年
宮本一夫『中国の歴史01　神話から歴史へ　神話時代　夏王朝』講談社、2005年
冨谷至、森田憲司編『概説中国史　上　古代―中世』昭和堂、2016年
甲元眞之『中国新石器時代の生業と文化』中国書店、2001年
岡村秀典『夏王朝―王権誕生の考古学』講談社、2003年
岡村秀典『中国文明　農業と礼制の考古学』（シリーズ：諸文明の起源6）京都大学学術出版会、2008年
小南一郎『古代中国　天命と青銅器』（シリーズ：諸文明の起源5）京都大学学術出版会、2006年
松井嘉徳『周代国制の研究』汲古書院、2002年
渡邉英幸『古代〈中華〉観念の形成』岩波書店、2010年
籾山明『秦の始皇帝―多元世界の統一者』（中国歴史人物選第1巻）白帝社、1994年
江村治樹『戦国秦漢時代の都市と国家―考古学と文献史学からのアプローチ』（白帝社アジア史選書7）白帝社、2005年
西嶋定生『秦漢帝国―中国古代帝国の興亡』講談社、1997年
永田英正『漢の武帝』（人と思想189）清水書院、2012年
東晋次『王莽―儒家の理想に憑かれた男』（白帝社アジア史選書3）白帝社、2003年
安居香山『緯書と中国の神秘思想』平河出版社、1988年
林巳奈夫『中国古代の生活史』吉川弘文館、2009年
中国出土資料学会編『地下からの贈り物―新出土資料が語るいにしえの中国』（東方選書46）東方書店、2014年

---

中国の歴史・現在がわかる本　第二期①　紀元前から中国ができるまで

2017年12月1日　第1刷発行　　　　　　　　　　　　　　　NDC222

監修者　渡辺　信一郎
著　者　目黒　杏子
発行者　竹村　正治
発行所　株式会社かもがわ出版
　　　　〒602-8119　京都市上京区堀川通出水西入
　　　　営業部：075-432-2868　FAX：075-432-2869
　　　　編集部：075-432-2934　FAX：075-417-2114
　　　　振替　01010-5-12436
　　　　http://www.kamogawa.co.jp/
印刷所　凸版印刷株式会社

©Kyoko Meguro 2017
Printed in Japan

36p 31cm
無断複写複製（コピー）を禁ず
ISBN978-4-7803-0879-2
C8322

# 中国の歴史★現在がわかる本

(NDC222)

中国が世界での存在感を高めている今、日本人は中国・中国人についてもっと理解し、よりよい関係を築く方法を考えなければなりません。このシリーズは、中国が中国として成立していく過程に着目したあらたな構成で、古代から現在までをふりかえります。

## ★第一期★

監修／西村成雄

1. **20世紀前半の中国** 著／貴志俊彦
2. **20世紀後半の中国** 著／日野みどり
3. **21世紀の中国** 著／阿古智子

## ★第二期★

監修／渡辺信一郎

1. **紀元前から中国ができるまで** 著／目黒杏子
2. **2度目の中国ができるまで** 著／岡田和一郎
3. **13世紀までの中国** 著／山崎覚士